朝比奈大作　監修
司書教諭テキストシリーズⅡ…3

学習指導と学校図書館

［編集］齋藤　泰則
　　　　江竜　珠緒
　　　　富永香羊子
　　　　村木　美紀

樹村房

監修者の言葉

　本シリーズは2002年から刊行されてきた「司書教諭テキストシリーズ」の改訂版に相当するものである。1998（平成10）年に学校図書館司書教諭講習規定の内容が大幅に改訂され，これを受ける形で旧版が編集・刊行されたのであるが，それからすでに十余年が経過し，学校図書館を取り巻く状況にも大きな変化が見られる。とりわけ，2008（平成20）年からのいわゆる新学習指導要領には「学校図書館を計画的に利用しその機能の活用を図り，児童の主体的・意欲的な学習活動や読書活動を充実すること」（傍点筆者）という文言が盛り込まれており，学校図書館と司書教諭との責任はより大きなものとなっている。

　一方では，いわゆるスマートフォンの普及に見られるように，情報化の進展は止まるところを知らず，むしろさらにその進展の度を増しているように見える。ここではあえて「情報化」が何を意味しているのか，その定義についてはふれずにおくが，「情報」と「知識」とは大きく重なり合う概念であることは間違いがない。そしてまた「知識の獲得」が私たちの教育・学習活動の主要な部分であることも言うまでもないことであろう。とするならば，私たちを取り巻く情報環境が大きく変化している以上，それに伴って私たちの教育・学習のあり方も大きな変革を余儀なくされるはずである。当然に学校教育そのものの在り方についても，より真摯な再点検が行われなければなるまい。上記の新学習指導要領の文言にもこのことは反映されていると言える。

　こうした状況をふまえて，旧版を全面的に改訂しようということがこの「司書教諭テキストシリーズⅡ」の趣旨である。旧シリーズと同様に，最新の図書館情報学の知見を教育学的な視点から解説し，理論と実践との融合を図るという方針に変わりはないが，比較的に若手の著者に執筆を依頼した。「古い革袋に新しい酒を入れる」ことが必要であろうと思われたからである。

　残念ながら，一般的な学校教育の現場においては，「学校図書館の機能の活用を図る」ことについても，情報化の進展に伴う学校教育の変革の必要性についても，必ずしも十分な理解が得られているとは言えない。それなりの法整備

は進められてはいても，教育の現場における実践活動は旧態依然の状態に置かれたままであるようにも感じられる。このギャップを埋めるためには，図書館情報学の知識や技術を暗記的に身に付けていくことよりは，これらの知識・技術を教育現場の中でいかに活用すべきか，あるいは活用できるのか，ということについて，理念的に考えてみることが必要であろう。本シリーズではそのことも強く意識した編集を心がけている。司書教諭資格取得のため勉強中の学生諸君ばかりでなく，すでに学校図書館で実務に携わっている方々，あるいはさらに司書教諭養成の立場にある方々にとっても，本シリーズが「理念的に考えてみる」ことのきっかけとなるよう願ってやまない。

  2015年6月

監修者 朝比奈大作

序　文

　本書は，学校図書館司書教諭講習規程に定められた司書教諭の資格を得るために履修が必要な科目である「学習指導と学校図書館」のテキストである。

　本書では，学校図書館の活用に関して司書教諭が担う学習指導の意義，方法，ならびに，その内容について解説している。以下，本書を構成する各章の概要と章相互の関係について述べる。

　本書は大きく三つの部分から構成されている。第一に，学習と図書館との関係について理論的に考察した部分である（第1章から第3章）。第二に，その理論的考察を受けて，児童生徒が習得すべき学校図書館の情報資源の活用に必要な知識とスキルを取り上げるとともに，そうした知識やスキルを習得するための情報リテラシー教育について解説した部分である（第4章から第9章）。第三に，学校図書館を活用した授業実践と学習事例について解説した部分である（第10章から第15章）。

　司書教諭には，児童生徒の学習を支援するとともに，授業者である教師の教育活動を支援する役割が求められている。この役割を担う上であらかじめ理解しておくべき重要なことは，学習・教育活動における学校図書館の情報資源を活用する意義と必要性である。司書教諭には，自ら学校図書館の情報資源を活用した学習指導を行うとともに，授業者である教師に対して学校図書館の情報資源を活用した教育活動を展開する意義と方法について説明する役割が期待されている。

　そこで，第1章から第3章の解説をとおして，司書教諭として，自ら学校図書館の情報資源を活用した学習指導を実践するための理論的基礎を習得していただきたい。さらに，授業者である教師に対して児童生徒の主体的な学習能力の育成にあたり学校図書館の情報資源を活用した教育活動が不可欠であることを説明し，そうした教育活動を先導する役割を発揮することができるための理論的知識を習得していただきたい。

　学習における学校図書館の情報資源の活用に関する意義と必要性に関する理

論的理解を踏まえ，第4章から第9章の解説を通して，学校図書館を活用した学習指導を実践するうえで必要な知識とスキルの獲得を図っていただきたい。すなわち，主体的な学習能力や問題解決能力の主要な構成要素である学校図書館の情報資源の活用に関する知識とスキルの内容を把握するとともに，児童生徒がそうした知識とスキルを獲得するための情報リテラシー教育の方法について習得していただきたい。

　第10章から第15章では，学校図書館を活用した授業や学習活動の事例を取り上げているが，同時に学校現場においてそうした学校図書館を活用した教育を導入するうえでどのような学習環境や情報環境の構成と整備が必要となるのかについても習得していただきたい。

　本書では，学校教育現場の第一線で活躍されている指導主事の富永香羊子先生と司書教諭の江竜珠緒先生に執筆陣として加わっていただいている。学校現場で実際に展開されている学校図書館を活用した教育実践事例の学習をとおして，学校図書館を活用した授業や学習の設計について習得していただきたい。

　最後に，監修者の朝比奈大作先生には原稿の内容と全体構成について重要なご指摘をいただき，改稿を重ねることにより本書を完成することができた。この場を借りてお礼申しあげたい。

　2015年11月10日

編者　齋藤泰則

学習指導と学校図書館
も く じ

監修者の言葉　　iii

序文　　v

第1章　学習と図書館 — 1
1．図書館の社会的機能と学校教育 …… 1
2．学習と図書館の情報資源 …… 4
（1）学習と経験　　4
（2）永続的な変化をもたらす学習と知識　　8
3．学習活動における図書館の位置づけ …… 11

第2章　『学習指導要領』にみる学校図書館 — 14
1．問題解決的な学習と探究的な活動の意義 …… 14
2．『学習指導要領』における学校図書館の扱い …… 20
（1）問題解決的な学習の意義　　20
（2）問題解決的な学習における学校図書館の利用　　22
3．総合的な学習の時間と学校図書館 …… 26

第3章　探究的な学習の理論と図書館の情報資源 — 27
1．学び方の教育の必要性 …… 27
2．探究的な学習のモデル …… 31
3．探究的な学習指導の段階 …… 34
4．探究的な学習指導モデル …… 37
5．探究的な学習の領域 …… 40

第4章　学習指導における問題の設定 — 42
1．課された問題と自己生成問題 …… 42

2．自己生成問題の特徴 ……………………………………………… *43*
　　3．課された問題とその遷移 ………………………………………… *47*
　　4．課された問題から自己生成問題への定式化 …………………… *53*
　　　（1）自己生成問題への定式化における留意点　*53*
　　　（2）授業実践事例(1)　*54*
　　　（3）授業実践事例(2)　*56*
　　5．まとめ ……………………………………………………………… *58*

第5章　情報リテラシーの内容と指導方法 ──────── *59*
　　1．情報リテラシーの概要 …………………………………………… *59*
　　2．情報リテラシーの領域 …………………………………………… *63*
　　　（1）印象づけ　*65*
　　　（2）サービス案内　*66*
　　　（3）情報探索法指導　*66*
　　　（4）情報整理法指導　*68*
　　　（5）情報表現法指導　*69*
　　　（6）情報リテラシーの指導方法　*71*
　　3．情報リテラシーと探究的な学習との関係 ……………………… *73*
　　4．まとめ ……………………………………………………………… *75*

第6章　情報リテラシーと探究的な学習−1 ──────── *76*
　　1．探究的な学習における図書館の情報資源の利用 ……………… *76*
　　　（1）図書館の情報資源の生産過程　*78*
　　　（2）探究的な学習過程と図書館の情報資源の利用　*80*
　　2．問題の設定 ………………………………………………………… *81*
　　　（1）自己生成問題　*81*
　　　（2）概念地図としての件名標目の活用　*82*
　　　（3）百科事典の利用　*87*
　　3．まとめ ……………………………………………………………… *89*

第7章　情報リテラシーと探究的な学習-2 ―――――91
1．問題の焦点化と件名標目の利用 ……………………………91
2．情報の探索と収集 ……………………………………………94
（1）書架探索　*95*
（2）書誌・索引・目録の利用　*96*
（3）目録の利用と原文献の入手　*102*
3．インターネット情報源の選択と評価 ………………………105
4．まとめ ………………………………………………………108

第8章　情報リテラシーと探究的な学習-3 ―――――109
1．情報探索に関する学習階層と検索戦略の構築 ……………109
（1）情報探索に関する学習階層　*109*
（2）検索戦略の構築　*113*
2．情報の加工・整理と発信 ……………………………………115
（1）文献の主題と引用・要約作成　*117*
（2）要約作成　*117*
（3）レポート・論文の構成要素と記載内容　*118*
（4）参照文献の明示と記述法　*120*
3．まとめ ………………………………………………………122

第9章　レファレンスサービスによる学習支援 ――――123
1．レファレンスサービスの概要 ………………………………123
2．レファレンス質問の種類と主要な情報源 …………………125
3．レファレンス協同データベースの活用 ……………………132
4．まとめ ………………………………………………………136

第10章　教職員のための学校図書館活用へのアプローチ ―138
1．教育課程の展開に寄与する学校図書館活用 ………………138
（1）教育課程を踏まえた学校図書館活用　*138*

（2）司書教諭と学校司書の連携　*139*
　2．児童生徒に「生きる力」を育むための学校図書館の構築 ……………*140*
　　（1）学校教育目標および児童生徒の実態に基づいた学校図書館経営全体計画　*140*
　　（2）学校図書館チェックリストを用いた学校図書館経営と学校体制の推進　*143*
　　（3）公共図書館や博物館等の関係機関との連携　*147*
　3．市川市学校図書館支援センターの実践 ………………………………*147*
　　（1）公共図書館との連携による学校図書館支援　*148*
　　（2）市川市学校図書館支援センターの支援体制および研修内容　*149*
　　（3）個人情報の取り扱いについて　*150*
　4．まとめ ……………………………………………………………………*151*

第11章　小学校における学校図書館の活用-1 ──────*152*
　1．国語科における学校図書館活用 ………………………………………*152*
　2．理科における学校図書館の活用 ………………………………………*156*
　3．社会科における学校図書館の活用 ……………………………………*159*
　4．生活科における学校図書館の活用 ……………………………………*162*
　5．小中連携における学校図書館の活用 …………………………………*164*
　6．まとめ ……………………………………………………………………*165*

第12章　小学校における学校図書館の活用-2 ──────*167*
　1．総合的な学習の時間における学校図書館活用 ………………………*167*
　2．特別活動における学校図書館活用 ……………………………………*169*
　　（1）実践事例「学級活動」(1)学級や学校の生活づくり　*170*
　　（2）実践事例「学級活動」(2)日常生活や学習への適応及び健康安全
　　　　　170
　　（3）実践事例「児童会活動」　*173*
　3．幼小連携行事による学校図書館活用 …………………………………*173*

4．部活動への学校図書館支援 ……………………………………………… *175*
　　5．まとめ …………………………………………………………………… *176*

第13章　中学校・高等学校における学校図書館の活用−1 ──── *177*
　　1．学校図書館を活用した授業の目的 ……………………………………… *178*
　　2．教科連携事例 …………………………………………………………… *182*
　　　（1）中学2年生国語　　*182*
　　　（2）高校3年生英語　　*186*
　　　（3）英語多読　　*188*
　　3．まとめ …………………………………………………………………… *189*

第14章　中学校・高等学校における学校図書館の活用−2 ──── *192*
　　1．レポート作成指導の事例 ………………………………………………… *192*
　　　（1）「図書科」とは　　*193*
　　　（2）授業目的，指導計画　　*194*
　　2．「図書科」の授業内容 …………………………………………………… *196*
　　3．進捗メモとディスカッション …………………………………………… *202*
　　　（1）進捗メモ　　*202*
　　　（2）ディスカッション　　*203*
　　4．まとめ …………………………………………………………………… *206*

第15章　探究的な学習成果の評価と図書館の情報資源の活用 ──── *208*
　　1．探究的な学習の分析と評価 ……………………………………………… *208*
　　　（1）テーマ選択に関する特徴　　*210*
　　　（2）多様な調査方法と言語活動の充実　　*211*
　　　（3）探究的な学習をサポートする人的要素　　*212*
　　2．図書館の情報資源の活用 ………………………………………………… *213*
　　　（1）データベース等の情報資源　　*213*
　　　（2）行政資料　　*215*

（3）地域の情報資源　　216
　　　（4）探究的な学習の成果物　　216
　　3．まとめ　……………………………………………………………………217

参考文献　　219
さくいん　　221

［執筆分担］
　第1～9章：齋藤泰則
　第10～12章：富永香羊子
　第13，14章：江竜珠緒
　第15章：村木美紀

第1章
学習と図書館

　本章では，司書教諭として身に付けておくべき基礎的かつ理論的知識として，学習における学校図書館の活用の意義と必要性について解説する。こうした理論に関する理解は，司書教諭として学校図書館を活用した学習指導を実践する基礎的知識となるばかりでなく，授業者である教師に対して学校図書館を活用した教育の意義と必要性について説明し，学校図書館を活用した教育を推進するうえで必要なものでもある。

　そこで，まず，学習における図書館の情報資源の活用との関係について取り上げる。そもそも学習とはどのように定義される活動であり，事象なのかについて見ていく。とくに「わからない事柄について知識を獲得し，わかった」という学習活動が成立するには，どのような条件が満たされる必要があるのかについて解説する。そのうえで，学習活動において図書，とりわけ知の典拠として機能する辞書・事典などのレファレンス資料を中心とする図書館の情報資源からの知識獲得は，学習における基本的な活動であることを示す。

1．図書館の社会的機能と学校教育

　図書館が提供する図書や雑誌記事等の情報源は，児童生徒が新たな事象・事項について学び，知識を獲得するうえで重要な学習資源となるものである。図書や雑誌記事を中心とする情報源の内容は，基本的に特定の主題に関する専門家（expert）によって記述されたものである。たとえば，日本史に関する事典であれば，日本史に関する専門家が自らの専門領域に関連した執筆項目を担当

し，その専門知識をもとに担当項目に関して記述することになる。執筆にあたっては，当該項目に関する一次文献（研究成果に基づくオリジナルな情報を含む文献，詳細は第6章を参照）を出典や参考文献として付記するなど，記述内容の信頼性を確保することに留意している。図書館が提供する図書や雑誌記事を中心とする情報源が，児童生徒にとって重要な学習資源として活用されるべき理由は，上述のとおり，記述されている内容の信頼性が保証されているからである。

　さて，現代社会は図書や雑誌記事というかたちをとって次々と新たな情報や知識が生産され流通する環境にあり，新たに生産された情報や知識を活用しながら種々の課題を解決することが求められるような「知識基盤社会」といえる。バトラー（Pierce Butler）は，こうした現代社会における学校教育と図書館の意義について，次のように述べている[1]。

> 　その時代［近代科学と産業主義勃興期以前］には若者はいったん大学を出ると，成人としての生活に必要な知識は十分に所有していたのであり，一人前の人間であった。現代の社会では，その人間は同様の観点からいってまだ少年である。それは，その人自身あるいはその人が通った学校が不備であるためではない。社会そのものの知的情勢が大きく変化しているのである。教育の任務ははかり知れないほど拡大されている。蓄積された知識は学問的な学校教科の枠をはるかにこえている。両者が釣り合うといった時期があったのは昔の話である。今日，教育の視野は相当に広げられて，社会の各員が知的蓄積の共有財産にたよれるようなプロセスを全部抱え込まねばならないことになっている。この点で図書館は新しい意義を持っているのであり，学校についで重要なものとなっている。（引用者により，訳文を補記するとともに，一部変更。）

　このバトラーの指摘は，近代科学の登場以降，知識生産が拡大するなか，教

1：バトラー，ピアス，藤野幸雄訳『図書館学序説』日本図書館協会，1978，p.65-66.

育における図書館の重要性が高まることに注目したものである。いうまでもなく，教育における学校の重要性に変わりはないが，膨大な知識が生産される現代社会においては，学校のみで社会において必要となる知識のすべてを習得することは到底不可能である。次々と新しい知識が日々生産される現代社会においては，直面する新たな課題を解決するためには，学校教育で習得した知識だけでなく，学校教育後に生産された知識の活用が求められる。

新たに生産される知識は，出版という社会的な営為を経て，図書や雑誌記事などの「文献」という情報源のかたちをとって社会に登場し広く伝達される。そして，図書館という社会的機構によって図書や雑誌記事が収集・組織・蓄積されることにより，図書や雑誌記事に記録された知識は社会の共有財産となる。こうして，図書館を通して，課題解決等のために必要な知識がいつでも利用可能となるのである。

バトラーはこうした図書と図書館の機能について次のように指摘している。

> 図書とは人類の記憶を保存する一種の社会的メカニズムであり，図書館はこれを生きている個人の意識に還元するこれまた一種の装置といえる[2]。
> 図書は総体としては社会的記憶の中枢神経になぞらえうる実質体である[3]。

このように，図書は人類が見出した知識を記憶した装置であり，社会における中枢神経として機能するものでもある。そして，そうした社会における中枢神経としての図書を多数，蓄積した図書館は社会における"脳"の働きをする存在といえる。

学校教育の段階で学ぶことができる知識は，社会において生産されている知識のごく一部に過ぎない。ゆえに，これから直面する種々の課題を解決するには，学校教育の段階で習得した知識に加えて学校教育後に生産される知識も必要となる。そこで，今日の学校教育には，児童生徒に課題解決に必要となる知

---

[2]：前掲書1，p.23.
[3]：前掲書1，p.75.

識や技能を獲得させるための学習だけでなく，新たに生産された知識を獲得する方法，すなわち学び方に関する学習（メタ学習）が要請されるのである。

2．学習と図書館の情報資源

　ここでは，あらため，学習とは何かについて見ていき，それをふまえて，学習における図書館の役割を示すことにする。
　辞書・事典によれば，学習とは次のように説明されている。

　　　学習とは，特定の経験によって行動のしかたに永続的な変化が生ずる過程である[4]。
　　　1．学問・技術などをまなびならうこと。2．学校で系統的・計画的にまなぶこと。3．人間も含めて動物が，生後に経験を通じて知識や環境に適応する態度・行動などを身につけていくこと[5]。

　このように，学習とは「経験による行動の永続的変化が生じる過程」であり，「経験を通じて知識や環境に適応する態度・行動の獲得」をいう。
　この学習の定義における重要なキーワードは「経験」と「永続的な変化」であることがわかる。そこで，まず，「経験」とは何かについて見ていこう。

（1）学習と経験
　辞書・事典によれば，「経験」とは次のように説明されている。

　　　生物体，とくに人間が感覚や内省を通じて得るもの，およびその獲得の過程をいう。体験とほぼ同義だが，体験よりも間接的，公共的，理知的な含みをもつ[6]。

4：『世界大百科事典』平凡社，2007, p.123-124.
5：『大辞泉』小学館，1995, p.471.
6：『日本大百科全書　vol.8』小学館，1994-1997, p.25.

実際に見たり，聞いたり，行ったりすること。また，それによって得られた知識や技能など[7]。

　このように，経験とは感覚や内省を通じて知識や技能を獲得する過程であり，あるいは獲得された知識や技能であることがわかる。
　よって，「学習」とは知識や技能の獲得によって生じる永続的な行動の変化をもたらすもの，といえる。敷衍するならば，ある事象・事項についてわからないことを，わかったという状態にすることにより，その後の行動のしかたに永続的な変化をもたらすものといえる。ここで重要なことは次の２点である。第一に，ある事象・事項についてわかった，すなわち，その事象・事項について知っている，あるいは知識を得た，といえる条件は何か，ということである。第二に，学習とは行動に永続的な変化をもたらすものであって，短期的な変化をもたらすものは学習とはいえない，ということである。
　まず，第一の点からみていこう。哲学の一領域である認識論によれば，人間がある事象・事項についてわかった，知っている，といえるようになるためには，次の三つの条件が必要となる[8]。

　　第一に，その事象・事項について得られた情報を信じていなければならない。
　　第二に，その信念が正しいものでなければならない。
　　第三に，その信念の根拠を示すことができなければならない。

　以上の条件は，次のように敷衍することができる。すなわち，児童生徒が経験を通して獲得した信念が独りよがりなものでなく，正しい知識であることを示すような根拠を提示できたとき，あるいは，経験を通して獲得した信念から正しい知識を形成するうえで参考にした根拠が提示できたとき，児童生徒はそ

7：前掲書5，p.811.
8：ロー，スティーブン，中山元訳「第13章　知識について」『考える力をつける哲学問題集』筑摩書房，2013，p.258-260.

の事象・事項について知識をもっている，わかっている，ということである。そこで，経験から得たものが正しい信念，すなわち知識が得られたことを示す根拠となるものが，図書とりわけ辞書・事典類を中心とする図書館の情報資源である。学習における図書館の意義も，こうした経験からの正しい知識の獲得を支援するという点にある。

a. 教育における図書館の情報資源の地位

経験からの知識獲得において図書館の情報資源は重要な役割を有するが，この経験と図書との関係について，ジョン・デューイ（John Dewey）は次のように述べている[9]。

> それ［図書室］は子どもたちが諸々の経験，諸々の問題，諸々の疑問，かれらが発見した諸々の個々具体的な事実をもちよって，それらのものについて論議する場所であるが，それらを論議する目的は，それらのもののうえに新しい光を投ずること，わけても他人の経験から来る新しい光，世界の叡智-それは図書室に象徴されている-から来る新しい光を投ずることである。ここに理論と実践との有機的な関連がある。子どもは単にものごとを行うだけでなく，行うものごとに関する観念をも獲得する。すなわち，かれらの実践に入り込み，それをゆたかならしめるところのなんらかの知的概念を最初から獲得してかかるのである。一方あらゆる観念は直接，間接に経験に適用され，生活になんらかの影響を与える。このことが，いうまでもなく，教育における「書物」ないしは「読書」の地位を決定する。書物は経験の代用物としては有害なものであるが，経験を解釈し拡張するうえにおいてはこの上もなく重要なものである。

このジョン・デューイの指摘によれば，教育における図書と読書の役割とは，経験を解釈し，その経験に意味を付与し，その経験から一定の観念を獲得するためのツールとしての機能にあるといえる。児童生徒はさまざまな経験を通し

9：デューイ，ジョン，宮原誠一訳『学校と社会』岩波書店，1957，p.101，（岩波文庫）．

て，学び，そして知識を習得するが，その知識はあくまで児童生徒が個人的に習得したものであって，恣意的なものである可能性がある。つまり，経験から得た知識は独りよがりの知識かもしれないがゆえに，経験から得た知識について辞書・事典等の図書を参照し，客観的に承認された知識であることを確認できたとき，その児童生徒は経験から知識を獲得したといえるのである。ゆえに，図書館の情報資源は自分が経験から知りえた内容の正しさを確認するための「典拠」としての機能を果たすのである。

その一方で，ジョン・デューイは，上述のとおり，「書物は経験の代用物としては有害なものである」と指摘しており，経験可能な事象・事物であるにもかかわらず，経験との関係付けを欠き，専ら図書館の情報資源のみに依拠した学びをも戒めているのである。

たとえば，歴史的事象自体は，過去の出来事であり，経験することはできず，その意味では，専ら記録資料によって学び，知ることしかできない。しかし，たとえば，「社会科」の「歴史的分野」における授業のなかで1600（慶長5）年に起こった「関ヶ原の戦い」を取り上げる場合を考えてみよう。確かに，戦いに至る経緯や戦いの内容，さらには，戦い後の政治状況などは，図書等の記録資料によって知る方法しかないであろう。しかし，関ヶ原町の古戦場を訪れ，今も残されている西軍や東軍の陣地跡を見学する，さらには当地にある関ヶ原町歴史民俗資料館の展示資料を見学するという経験を取り入れるならば，児童生徒は関ヶ原の戦いへの興味・関心を大いに高め，関ヶ原の戦いに関する学習に進んで臨むことが期待できよう。このように，記録資料等によってのみ知ることができる歴史的事象ではあるが，その事象を学ぶ動機付けや興味・関心の喚起はさまざまな経験を通して可能となるのである。

b. 知識獲得における図書館の情報資源の役割

ここでは，実際に，知識獲得において図書館の情報資源がどのような役割を有するのかについて，具体的な事例を取り上げて説明する。

今，ある文学作品や評論を読んでいて，ある語句の意味がわからない児童生徒がいたとしよう。そのとき，その児童生徒は，国語辞書を調べ，その語句の解説を参照することにより，その語句の意味がわかった，知ることができた，

といえる。この事例について、先述の認識論が示している「知ることができた。知識が得らえた」といえる三つの条件を当てはめてみよう。

　まず、第一条件の「信念をもつこと」であるが、当事例では、児童生徒がその語句の意味内容を獲得することがそれにあたる。意味内容の獲得方法には、①その語句の意味を友人に尋ねる、②インターネットの検索エンジンで調べる、③国語辞書（たとえば、『広辞苑』）で調べる、などがあげられよう。

　そこで、第二条件の「正しい信念であること」は、その児童生徒が上記の①、②、③から得た意味内容は正しいものと考えていることにあたる。

　最後の第三条件の「正しい信念であることを示す根拠の提示」であるが、その根拠は、上記①の場合は友人、②の場合はウェブサイト、③の場合は国語辞書である。この場合、信念の正しさの客観的な根拠となりうるものは国語辞書といえよう。友人あるいはウェブサイトの場合、それらの情報源は語句の意味内容の正しさを十分に保証する根拠としての機能を有しているとはいえない。ゆえに、それらの情報源からその語句の意味内容を得ても、その語句の意味を知っている、知識を得ている、とはいえないことになる。

　このように、知識を得た、わかったという状態は、正しさを示す根拠となりえる情報源を選択できたかどうかに依存することになる。

（2）永続的な変化をもたらす学習と知識

　ここでは、学習の定義にある「経験による行動の永続的変化の過程」について見ていきたい。

　ある事象・事項について知る過程が常に学習を意味するわけではない。学習は、そのことを知ることによって、児童生徒の行動等に永続的な変化をもたらすものでなければならない。具体的な事例を取り上げてみよう。数日後に修学旅行を控えた児童生徒が、旅行先の天気を知りたいと思い、気象庁をはじめとする天気予報を提供するウェブサイトを調べて、旅行先の天気を知ったとしよう。気象庁のウェブサイトという情報源から得られた信念は、気象庁のウェブサイトが正しさの根拠として十分に機能していると考えられることから、確かに、その児童生徒は天気について知り得たといえる。しかし、旅行先の天気を

知ることは，その児童生徒の行動に永続的な変化をもたらすことはない。旅行先の天気に関する知識は旅行という目的が達成され次第，児童生徒の記憶からは除かれ，旅行後にも継続的に利用されるような種類の知識ではない。このような知識は一過性の消費的な知識といえるものであり，利用され次第，その役割は失われる。それゆえに，この知識獲得過程は学習とはいえないのである。

ただし，ここで注意すべきことは，次の点である。すなわち，ある地域のある日時の天気に関する知識を得る過程自体は学習とはならないが，そのような知識を獲得する過程（方法）に関する知識，すなわち知識を得るための知識は，学習の条件を満たすことになる。確かに，ある地域のある時点の天気に関する知識自体（たとえば，2015年1月15日の京都市の天気）は永続的に利用されるものでないため，その天気を知ることは学習を意味しない。しかし，ある地域のある日時の天気に関する知識を獲得する方法に関する知識は，永続的に利用されるものである。それゆえ，天気に関する知識を獲得する方法に関する知識獲得過程は学習となる。

一方，基本的な語句の意味を知ることは，その語句の意味に関する知識が永続的に利用されるものであることから，学習といえる。同時に，ある特定の語句の意味を知るための過程，すなわち情報源として国語辞書を選択し，見出し語の五十音排列を使って当該語句の意味を調べる過程について知ることは，永続的に利用されるものであるから，学習といえるのである。

このように，知識は，ある事象・事項に関する知識Aと，その知識Aを獲得するための知識Bに分けることができる。

前者の知識Aについては，一時的な利用あるいは消費的な利用であるか否かによって，その知識を獲得する過程が学習となるかどうかが決まることになる。後者の知識Bについては，知識Aが永続的利用に資するものであれば，知識Bの獲得過程も重要な学習となる。また，知識Aが一時的利用にとどまる場合，すなわち，知識獲得過程が学習でない場合でも，その知識Aを獲得するための知識に永続的な利用価値があるならば，知識Bの獲得は学習となる。

学校教育において学習の対象となるのは，いうまでもなく，永続的に利用される知識である。その事象・事項に関する知識は一時的利用にとどまるもので

あって，学習対象とはならないものであっても，その知識を獲得するための知識が永続的に利用される場合であれば，そうした知識Bは学校教育における学習の対象となる。

以上の知識獲得と学習との関係を整理したものが図1-1である。

すなわち，知識には，ある事象・事項に関する知識Aと，その知識Aを獲得する方法・過程に関する知識Bというものがある。そして，前者の知識Aには，永続的に利用されるもの（A1）と一時的に利用されるもの（A2）とがあり，学習は前者の知識（A1）を獲得する過程である。また，一時的に利用される知識（A2）であっても，その知識を獲得する方法に関する知識Bが永続的に利用されるもの（B1）であれば，その知識の獲得過程は学習である。一時的に利用される知識（B2）であれば，その知識獲得過程は学習とはならない。

学校教育においては，いうまでもなく永続的に利用される事象・事項に関する知識と同時にその知識を獲得する方法に関する知識が学習の対象となるが，そればかりではない。一時的に利用される知識であっても，その知識を獲得する方法に関する知識が永続的に利用されるものであれば，学習の対象としなければならないのである。

ところで，上述した一時的な知識は「情報」と言い換えることができる。たとえば，「地震に関する情報」と「地震に関する知識」という表現を考えてみよう。前者はある特定の地震について，その地震がおこった地域と時刻，その

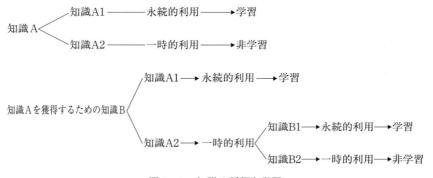

図1-1 知識の種類と学習

規模(マグニチュード)等に関する内容をさし、そのいずれも、通常は学習の対象となることはなく、永続的に利用されることもないであろう。これらの内容については、「地震に関する知識」という表現は通常は使用されないことにも注意したい。それに対して、後者の「地震に関する知識」は、地震がおこるメカニズム(プレートテクトニクス等)や地震の規模に関する定義などをさすであろう。そのいずれの内容も「地学」という教科のなかで学習し、永続的に利用されるようなものである。これらの内容について「地震に関する情報」という表現は通常は使用されないであろう。

このような情報と知識という表現の使用法から、知識とは情報の内容を理解するための基礎となるものであることがわかる。学校において学習の対象となるのは、いうまでもなく、情報ではなく、知識である。

3．学習活動における図書館の位置づけ

本章の最後に、図書館の基本的な機能と学習との関係について解説する。

児童生徒の知識獲得の際の根拠となりうる情報源の生産から児童生徒の情報源の利用に至る過程は、図1-2のように示すことができる。

図書館の情報源は、辞書・事典、専門図書、雑誌記事・論文などからなる「文献」を中心に構成されている。これらの情報源は、各主題分野の専門家によって記述・作成され、社会的に広く認知されている出版者によって出版されたものである、という点で、その記述内容の正しさと信頼性が基本的に保証さ

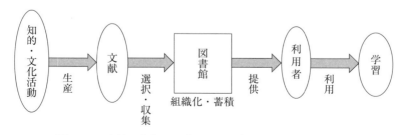

図1-2　文献の生産から利用に至る過程と図書館の位置づけ

れている点に最大の特徴がある。

　図書館は，各主題領域の専門家による知的・文化的活動の所産として生産された文献を選択・収集し，組織化を経て蓄積することにより，児童生徒が知らないことについて調べ，知識を獲得するための根拠を児童生徒に提供する役割を果たすことになる。このように，図書館とは，わからないことを知ろうとする児童生徒に対して，知りえた内容の正しさの根拠となる文献を指示する機能を有する仕組みといえる。

　児童生徒が知識を獲得する際に，信念の正しさを示す根拠として，教科書と教諭の説明だけでなく，図書館の豊富な情報資源がそこに加わるならば，児童生徒が獲得できる知識の範囲は飛躍的に拡大し，児童生徒は多くの事象・事項について多様な知識を得ることが可能となるのである。

　児童生徒の学習要求の発生から図書館利用を経て学習要求の充足に至る過程は図1-3のように示すことができる。

　学習要求は，児童生徒に取り組む課題が与えられたとき，あるいは自ら進んで課題を設定し，取り組む場合に生じることになる。学習要求は知識獲得を伴う活動であることから，知識となるような情報への要求が生じることになる。求める情報が特定されたならば，その情報を探索する行動がとられることになる。探索すべき情報は知識となりうるものでなくてはならないことから，信頼性が保証された図書館の情報源を対象に探索することが基本となる。図書館の情報源の探索の結果，得られた情報から知識獲得に有用な情報を選択・収集する。収集された情報を利用し，課題解決に必要な知識がその情報から得られた

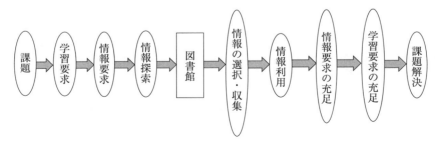

図1-3　学習要求の発生から充足の過程

ならば，情報要求は充足する。知識が得られたならば学習要求は充足され，得られた知識を使って課題の解決に臨むことになる。

第2章
『学習指導要領』にみる学校図書館

　本章では,『学習指導要領』(文部科学省)において重視されている能力とその育成のためにどのような学習方法が求められているのかを見ていく。すなわち,自ら学ぶ力と問題解決能力を育成するうえで,探究的な学習を基礎とする問題解決・課題解決的な学習方法が必要であることを示す。そのうえで,そうした学習方法において図書館の活用が重要な位置を占めることを,『学習指導要領』を参照しながら解説する。

　『学習指導要領』とは,全国のどの地域で教育を受けても,一定の水準の教育を受けられるようにするため,学校教育法等に基づき,文部科学省が定めた各学校で教育課程(カリキュラム)を編成する際の基準をいう[1]。ゆえに,司書教諭として学校図書館を活用した教育内容を検討するうで,『学習指導要領』における学校図書館の取り扱いについては熟知しておく必要がある。同時に,司書教諭には,授業者としての教師に『学習指導要領』における学校図書館の取り扱いを紹介し,学校図書館を活用した授業計画を促す役割が期待される。それゆえ,『学習指導要領』において規定されている学校図書館の役割と活用に関する内容は司書教諭として不可欠な知識といえる。

1. 問題解決的な学習と探究的な活動の意義

　文部科学省は,2008(平成20)年3月に小学校と中学校の『学習指導要領』お

1：文部科学省「学習指導要領とは何か？」http://www.mext.go.jp/a_menu/shotou/new-cs/idea/1304372.htm,(参照2015-07-12).

および『幼稚園教育要領』を改訂し，2009(平成21)年3月には高等学校・特別支援学校の『学習指導要領』を改訂し，小学校においては2011(平成23)年から，中学校においては2012(平成24)年から，高等学校においては2013(平成25)年から，それぞれこの新しい『学習指導要領』が全面実施されている。本章では，この『学習指導要領』において重視されている学習活動と学校図書館の取り扱いを中心に見ていきたい。

『学習指導要領』の改訂にあたって，文部科学省は基本的な考え方を示しているが，それによれば，育成すべき学力の重要な要素として，次の3点をあげている[2]。

　　①基礎的な知識・技能
　　②知識・技能を活用し，自ら考え，判断し，表現する力
　　③学習に取り組む意欲

このうち，第二の要素にあげられている思考力・判断力・表現力等の育成のために必要な学習活動として以下の2点があげられている[3]。

　　①各教科等の指導の中で，観察・実験やレポートの作成など，知識・技能を活用する学習活動
　　②教科等を横断した課題解決的な学習や探究的な活動

ここで注目すべきことは，習得した知識・技能を活用する学習活動として「レポートの作成」があげられていること，さらに必要な学習活動として課題解決的，探究的な学習活動をあげている点である。このレポートの作成は，第3章で詳述するように，課題解決的，あるいは探究的な学習と密接に関わる活動であり，それらの学習の最終段階に位置づけられるものである。

2：文部科学省「新学習指導要領・生きる力」http://www.mext.go.jp/a_menu/shotou/new-cs/idea/1304378.htm，(参照2014-10-9)。
3：前掲注2。

レポートの作成には，第6章から第9章において詳述するように，多様かつ豊富で信頼性の高い情報資源環境が不可欠であり，図書館の存在とその充実を抜きに，レポートの作成という学習活動は成立しえない。そして，レポートの作成は，いうまでもなく，課題解決的，探究的な学習活動のなかでその育成が期待される思考力・判断力・表現力のうち，特に表現力の育成に関わるものである。それゆえ，多様で豊かな信頼性の高い情報資源環境としての図書館は，課題解決的，探究的な学習活動を成立させる基盤となるものである。

　それでは，なにゆえ知識・技能の活用を必須とする課題解決能力や探究能力の育成が重視されるのであろうか。この点について，『学習指導要領』の改訂を求めた中央教育審議会答申では，まず，『学習指導要領』の基本理念を「生きる力」の育成をとし，その生きる力を構成する能力として課題解決能力や探究能力を位置付けている。では，その「生きる力」とはどのような力を指すのであろうか。同答申では「生きる力」を次のように定義している[4]。

　　　第一に，基礎・基本を確実に身に付け，いかに社会が変化しようと，自ら課題を見つけ，自ら学び，自ら考え，主体的に判断し，行動し，よりよく問題を解決する資質や能力
　　　第二に，自らを律しつつ，他人とともに協調し，他人を思いやる心や感動する心などの豊かな人間性
　　　第三に，たくましく生きるための健康や体力など

　この「生きる力」の重視という基本方針は，1996（平成8）年7月の中央教育審議会答申（「21世紀を展望した我が国の教育の在り方について」）のなかで言及されており，2008年の答申はそれを引き継いだものとなっている。その1996年の答申においては，「生きる力」について，それが必要となる背景とともに

4：文部科学省『中央教育審議会答申：幼稚園，小学校，中学校，高等学校及び特別支援学校の学習指導要領等の改善について』2008, http://www.mext.go.jp/b_menu/shingi/chukyo/chukyo0/toushin/__icsFiles/afieldfile/2009/05/12/1216828_1.pdf, p.21-23, (参照2015-07-12)．

次のように指摘されている[5]。

> 今日の変化の激しい社会にあって，いわゆる知識の陳腐化が早まり，学校時代に獲得した知識を大事に保持していれば済むということはもはや許されず，不断にリフレッシュすることが求められるようになっている。生涯学習時代の到来が叫ばれるようになったゆえんである。
>
> ［生きる力］は，全人的な力であり，幅広く様々な観点から敷衍することができる。まず，［生きる力］は，これからの変化の激しい社会において，いかなる場面でも他人と協調しつつ自律的に社会生活を送っていくために必要となる，人間としての実践的な力である。それは，紙の上だけの知識でなく，生きていくための「知恵」とも言うべきものであり，我々の文化や社会についての知識を基礎にしつつ，社会生活において実際に生かされるものでなければならない。
>
> ［生きる力］は，単に過去の知識を記憶しているということではなく，初めて遭遇するような場面でも，自分で課題を見つけ，自ら考え，自ら問題を解決していく資質や能力である。これからの情報化の進展に伴ってますます必要になる，あふれる情報の中から，自分に本当に必要な情報を選択し，主体的に自らの考えを築き上げていく力などは，この［生きる力］の重要な要素である。［傍点は引用者］

この答申には，「生きる力」の育成を必要とする背景と「生きる力」を習得するうえで必要な能力について，きわめて重要な指摘がみられる。

前者の「生きる力」の育成を必要とする背景について，答申では，変化の激しい社会においては学校教育で習得した知識・技能が陳腐化し，知識の更新が必要であることをあげている。この点については，第1章で取り上げたバトラ

5：文部科学省「（3）今後における教育の在り方の基本的な方向．第1部　今後における教育の在り方」『21世紀を展望した我が国の教育の在り方について（第一次答申）』http://www.mext.go.jp/b_menu/shingi/old_chukyo/old_chukyo_index/toushin/1309579.htm，（参照2015-07-12）．

ー（Pierce Butler）の時代認識と重なるものである。すなわち，"蓄積された知識は学問的な学校教科の枠をはるかにこえている。両者が釣り合うといった時期があったのは昔の話である"[6]との指摘である。ここで生産され続ける知識は，図書や雑誌記事・学術論文というメディアのなかに記録されることから，それらのメディアを蓄積する図書館は，人々の知識更新には不可欠なシステムとなることはいうまでもない。

　後者の「生きる力」を習得するうえで必要な能力とは，自分で課題を見つけ，自ら考え，自ら問題を解決していく資質や能力であり，そのような資質や能力を構成する重要な要素として，問題解決に必要な情報を選択し，得られた情報をもとに自らの意見を構築する能力，としていることがわかる。問題解決がいかに図られ，自らの意見がどのように構築されるかは，選択され入手される情報に大きく依存する。そして，どのような情報が選択・入手可能かは，選択候補となる情報源の範囲と質に依存する。ここに，図書館の存在理由と意義がある。すなわち，図書館によって，信頼性のある質の高い情報源がどの程度，提供されるかが，情報の選択・入手を大きく左右するのである。それゆえ，いかにすぐれた情報源を備えた図書館を児童生徒の学習環境として用意できるかが，児童生徒の問題解決能力の育成に大きな影響をもたらすことになるのである。

　さて，生きる力を育成するうえで必要とされている課題解決的な学習と探究的な学習に関して，『学習指導要領』ではどのように記述されているのか見ていきたい。

　『中学校学習指導要』（文部科学省，2008）の「第1章　総則」の「第1　教育課程編成の一般方針　1」に次の記述がある[7]。

　　　学校の教育活動を進めるに当たっては，各学校において，生徒に生きる力をはぐくむことを目指し，創意工夫を生かした特色ある教育活動を展開する中で，基礎的・基本的な知識及び技能を確実に習得させ，これらを活用して課題を解決するために必要な思考力，判断力，表現力その他の能力

6：バトラー，ピアス，藤野幸雄訳『図書館学序説』日本図書館協会，1978，p.65-66.
7：文部科学省『中学校学習指導要領：総則編』2008，p.1.

をはぐくむとともに，主体的に学習に取り組む態度を養い，個性を生かす教育の充実に努めなければならない。

　ここでは，『学習指導要領』の改訂において重要な学習として位置づけられている課題解決と主体的な学習に言及されており，それらの活動は習得された基礎的・基本的な知識および技能の活用を通して行われる，と説明されている。
　上記の『学習指導要領』の部分に関して，『中学校学習指導要領解説：総則編』（文部科学省，2008）では，思考力・判断力・表現力等を育成するうえで必要な学習として，2008年1月の中央教育審議会答申にある以下の2点に着目している[8]。

　　第一に，各教科において基礎的・基本的な知識・技能を習得しつつ，観察・実験をし，その結果をもとにレポートを作成すること。
　　第二に，文章や資料を読んだ上で，知識や経験に照らして自分の考えをまとめて論述するといったそれぞれの教科の知識・技能の活用を図る学習活動を行い，それを総合的な学習の時間を中心に行われている教科を横断した課題解決的な学習活動や探究活動へと発展させること。

　この指摘において注意すべきことは，教科教育と総合的な学習の時間との関係である。各教科においては，基礎的・基本的な知識・技能の習得とその活用としてのレポートの作成，および資料利用に基づく自分の考えのまとめと論述，という学習活動が推奨されている。そのうえで，総合的な学習の時間を中心に，教科等を横断した課題解決的な学習や探究活動へと発展させるものとしている。
　課題解決的な学習活動や探究的な学習活動は，教科の学習を通して習得された基礎・基本的な知識や技能を活用し，応用する活動として位置づけられているだけではない。同解説における以下の指摘が示すように，基礎・基本的な知識・技能を習得する学習方法としても，課題解決的な学習や探究的な学習があ

8：前掲注4，p.18.

げられていることに注意する必要がある[9]。

> 　知識・技能の活用を図る学習活動や総合的な学習の時間を中心とした探究活動を通して，思考力・判断力・表現力等がはぐくまれるとともに，知識・技能の活用を図る学習活動や探究活動が知識・技能の習得を促進するなど，実際の学習の過程としては，決して一つの方向で進むだけではないことに留意する必要がある。［傍点は引用者］

　課題解決的な学習や探究的な学習は，習得した知識や技能を具体的，実際的な場面で応用する能力を育成するための学習としてだけでなく，基礎・基本となる知識・技能の習得を促進するための学習方法としても位置付けられている点に注目する必要がある。

2．『学習指導要領』における学校図書館の扱い

（1）問題解決的な学習の意義

　体験的・問題解決的な学習の重要性について，『中学校学習指導要領』（文部科学省，2008）の「第一章　総則」の「第4　指導計画の作成等に当たって配慮すべき事項2（2）」のなかで次のように記述されている[10]。

> 　各教科等の指導に当たっては，体験的な学習や基礎的・基本的な知識及び技能を活用した問題解決的な学習を重視するとともに，生徒の興味・関心を生かし，自主的，自発的な学習が促されるよう工夫すること。

　上記の『学習指導要領』の部分の解説として，『中学校学習指導要領解説：総則編』（文部科学省，2008）では，これからの学校教育に求められる教育に

9：前掲書7，p.22-23.
10：文部科学省『中学校学習指導要領解説：総則編』2008，p.4.

ついて，次のように指摘されている[11]。

> これからの学校教育においては，変化の激しいこれからの社会を考えたとき，また，生涯にわたる学習の基礎を培うため，基礎的・基本的な知識及び技能の習得とその定着とともに，それらを活用して課題を解決するための思考力・判断力・表現力等の育成を重視した教育を行うことが必要であり，生徒がこれらを支える知的好奇心や探究心をもって主体的に学習に取り組む態度を養成することはきわめて重要である。このような資質や能力を育成するためには，体験的な学習や基礎・基本的な知識・技能を活用した問題解決的な学習を充実する必要がある。
> [中略]
> 体験的な学習や基礎的・基本的な知識・技能を活用した問題解決的な学習は，主体的に学習に取り組む能力を身に付けさせるとともに，学ぶことの楽しさや成就感を体得させる上で有効である。このような学習の意義を踏まえ，各教科等の指導において体験的な学習や問題解決的な学習に取り組めるようにすることが大切である。各教科等において習得すべき知識や技能も体験的な学習やそれらを活用した問題解決的な学習を通すことによって，生徒一人一人のその後の学習や生活において生かされ総合的に働くようになるものと考えられる。[傍点は引用者]

以上の指摘を整理すると，図2-1のように表すことができる。

すなわち，学校教育においては，生涯学習能力の育成を最上位の目標とし，その生涯学習能力は課題解決能力の獲得を通して育成される，との位置づけである。その課題解決能力は，問題解決的な学習を通して身につけられるような基礎的・基本的な知識および技能とともに思考力・判断力・表現力を必要とする能力である。この問題解決的な学習は，主体的に学習に取り組むような態度を養成するものであり，知的好奇心と探究心がその成立の基盤になる，という

11：前掲書7，p.64-65.

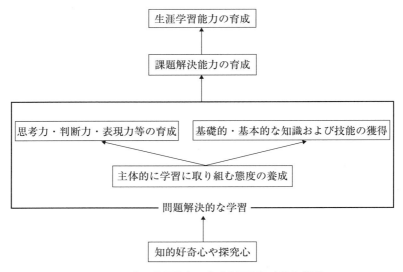

図2-1　生涯学習能力の育成と問題解決的な学習

ことである。このことから，問題解決的な学習は探究的な活動として取り組むことが重要であって，問題解決的な学習にあたっては，児童生徒に探究心の醸成を促すような指導が求められるといえる。

　さらに，上記の指摘のなかで注目すべき点は，繰り返しになるが，問題解決的な学習は，各教科等において習得した知識や技能の応用という側面で導入されるだけでなく，知識や技能の習得においても有用である，という点である。問題解決的な学習を通して知識や技能が習得され応用されることにより，生涯学習能力の獲得とともに，習得した知識や技能を実生活に活用する能力をも促進されることが期待される，ということである。

（2）問題解決的な学習における学校図書館の利用

　『中学校学習指導要領解説：総則編』（文部科学省，2008）では，基礎的・基本的な知識・技能の活用と探究心をもった主体的な学習活動をとりいれた国語科の例として，「社会生活の中から課題を決め，取材を繰り返しながら自分の考えを深める」「論説や報道などに盛り込まれた情報を比較して読むこと」な

どの言語活動をあげている[12]。

国語科に関する指導については，『中学校学習指導要領』（文部科学省，2008）の「第2章　各教科　第1節　国語」に詳述されている。そのなかの「第2　各学年の目標及び内容」における「第2学年　1　目標」において国語科の目標を次のように指摘している[13]。

　　目的や意図に応じ，文章の内容や表現の仕方に注意して読む能力，広い範囲から情報を集め効果的に活用する能力を身に付けさせるとともに，読書を生活に役立てようとする態度を育てる。（傍点は引用者による）

このように，情報の収集と活用能力の獲得が目標とされていることがわかるが，それでは，具体的に情報資源としてどのようなものが想定されているのであろうか。この点については，「第2学年　2　内容　C　読むこと」のなかで，次のように指摘されている[14]。

　　多様な方法で選んだ本や文章などから適切な情報を得て，自分の考えをまとめること。
　　新聞やインターネット，学校図書館等の施設などを活用して得た情報を比較すること。

このように，図書，新聞など，学校図書館の情報資源があげられているが，同時に，インターネット情報源の活用についても言及されていることに注意したい。

この情報資源としての学校図書館とインターネットについては，『中学校学習指導要領』の「総則　第4　指導計画の作成等に当たって配慮すべき事項

12：前掲書7，p.66.
13：前掲書8，p.9.
14：前掲書8，p.10-11.

（10）と（11）」において，次のように指摘されている[15]。

> （10）各教科等の指導に当たっては，生徒が情報モラルを身に付け，コンピュータや情報通信ネットワークなどの情報手段を適切かつ主体的，積極的に活用できるようにするための学習活動を充実するとともに，これらの情報手段に加え視聴覚教材や教育機器などの教材・教具の適切な活用を図ること。
> （11）学校図書館を計画的に利用しその機能の活用を図り，生徒の主体的，意欲的な学習活動や読書活動を充実すること。

上記の「コンピュータや情報通信ネットワークなどの情報手段を活用した学習活動」に関しては，『中学校学習指導要領：解説編』（文部科学省，2008）において，次の4点の学習活動の促進があげられている[16]。

> ①課題を解決するため自ら効果的な情報手段を選んで必要な情報を収集する学習活動。
> ②様々な情報源から収集した情報を比較し必要とする情報や・信・頼・で・き・る・情・報を選び取る学習活動。
> ③情報手段を用いて処理の仕方を工夫する学習活動。
> ④自分の考えなどが受け手に伝わりやすいように表現を工夫して発表したり情報を発信したりする学習活動。［傍点は引用者による］

上記の学習活動において特に注目すべきことは，①の「必要な情報の収集」，②の「様々な情報源からの収集，信頼できる情報の選択」という点である。第一の必要な情報の収集にあたっては，まず，個々の児童生徒にとって，どのような情報が必要なのかを見極めることが重要である。これは，取り組むべき課題の解決に必要な知識と自らの既有知識を比較検討する過程が必須であり，情

15：前掲書8，p.5．
16：前掲書7，p.81．

報利用行動の起点にあたる活動として位置づけられる重要な段階である。

　第二の様々な情報資源からの情報収集と信頼できる情報の選択については，新たな知識を習得する学習活動に際して利用されるべき情報資源の要件が信頼性にある，ということを示すものである。情報収集の手段として，インターネットがあげられているが，インターネット上の情報資源を利用する場合には，その信頼性を十分に精査のうえ，選択することがきわめて重要である。学習のための情報資源に関する最も重要な要件がその信頼性にある以上，最優先されるべき情報資源は，専門家によって執筆された図書や雑誌記事を中心に，信頼性が保証されている情報資源でなければならない。ゆえに，図書や雑誌記事を中心とした情報資源を提供する学校図書館は学習活動における最も重要な情報拠点となる。

　この学校図書館の機能については，『中学校学習指導要領解説　総則編』（文部科学省，2008）において次の2点があげられている[17]。

　第一に，生徒が自ら学ぶ学習・情報センターとしての機能。
　第二に，豊かな感性や情操をはぐくむ読書センターとしての機能。

　この二つの機能は，『学校図書館法』の「第2条（定義）」で示されている学校図書館の二つの目的，すなわち「学校の教育課程の展開に寄与するとともに，児童又は生徒の健全な教養を育成すること」という目的を達成するための学校図書館に求められる機能である。

　このように，学校図書館は児童生徒の自主的，主体的な学習や読書活動を推進するうえで不可欠な設備として位置づけられる。また，同解説では，『学習指導要領』の改訂で重視されている言語活動の充実を図るうえで，読書のもつ重要性を指摘し，生徒の望ましい読書習慣の形成を図るため，学校の教育活動全体を通じ，多様な指導の展開を図ることが大切であると指摘している[18]。

17：前掲書7，p.82-83.
18：前掲書7，p.82.

3．総合的な学習の時間と学校図書館

　2008年に改訂された『学習指導要領』の趣旨を最も反映したものが、「総合的な学習の時間」である。『中学校学習指導要領』の「第4章　総合的な学習の時間　第1目標」において、次のように記述されている[19]。

> 　横断的・総合的な学習や探究的な学習を通して、自ら課題を見付け、自ら学び、自ら考え、主体的に判断し、よりよく問題を解決する資質や能力を育成するとともに、学び方やものの考え方を身に付け、問題の解決や探究活動に主体的、創造的、協同的に取り組む態度を育て、自己の生き方を考えることができるようにする。［傍点は引用者］

　この総合的な学習の時間の目標に関する記述のなかで、特に注目すべき点は次の2点である。

　①「探究的な学習」という学習方法の導入。
　②「学び方を身に付ける」というメタ学習の習得。

　学校図書館は、信頼性の高い情報資源を保有・提供し、必要な情報の選択と収集を支援する、という点で、探究的な学習およびメタ学習に取り組むうえで、不可欠な設備である。次章からは、この探究的な学習における学校図書館の役割を中心に見ていきたい。

19：前掲書8，p.103.

第 3 章
探究的な学習の理論と図書館の情報資源

　学校図書館の情報資源の活用は児童生徒のさまざまな学習活動のなかで必要となるものだが，学校図書館の情報資源の活用が重要な要素となる学習の典型が探究的な学習である。この探究的な学習は，第2章で取り上げた『学習指導要領』において重視されている学習方法であり，生涯学習社会において必要となる主体的な学習能力を育成するものでもある。そこで，本章では，この探究的な学習に関する理論を取り上げるとともに，学校図書館の情報資源が探究的な学習過程のなかでどのように位置づけられるのかを見ていく。

　この探究的な学習は，児童生徒による学校図書館の情報資源の活用が必要となるものであることから，司書教諭にとって，探究的な学習の理論と方法に関する知識は，学校図書館の情報資源の活用を指導するにあたって不可欠なものといえる。同時に，その知識は，司書教諭が授業者としての教師に対して学校図書館の情報資源の活用を取り入れた授業を提案するとともに，そうした授業を支援するうえでも必要な知識となるものである。

1．学び方の教育の必要性

　中央教育審議会答申（「21世紀を展望した我が国の教育の在り方について」1996（平成8）年）において明記された「生きる力」の育成は，2008（平成20）年の『学習指導要領』の改訂においても引き継がれている。特に以下の部分は，生きる力の育成にあたって，学校図書館を活用した探究的な学習が必要であることを示唆している[1]。

［生きる力］は，単に過去の知識を記憶しているということではなく，初めて遭遇するような場面でも，自分で課題を見つけ，自ら考え，自ら問題を解決していく資質や能力である。これからの情報化の進展に伴ってますます必要になる，あふれる情報の中から，自分に本当に必要な情報を選択し，主体的に自らの考えを築き上げていく力などは，この［生きる力］の重要な要素である。

　この生きる力が必要となる背景として，現代社会が，膨大な情報や知識が日々，生産，流通し，その活用を必要とする知識基盤社会であるという点があげられる。知識基盤社会においては，同答申でも指摘されているとおり，"知識の陳腐化が早まり，学校時代に獲得した知識を大事に保持していれば済むということはもはや許されず，不断にリフレッシュすることが求められる"[2]ことにもある。

　探究的な学習と学び方についての学習が必要となる理由は，まさに，不断に自らの知識を更新し，さまざまな問題に対処し解決できる能力の習得こそが，知識基盤社会を生きる力の育成に不可欠だからなのである。

　上記の答申のなかでも指摘されているように，自らの知識を更新するために，学び方を学ぶということが，これからの学校教育には強く要請されている。では，学び方を学ぶ，すなわちメタ学習とはどのような学習を指すのであろうか。

　柴田は，メタ学習（meta learning）とは，「学ぶ」あるいは「学習」とはどういうことかを学ぶこと，言いかえれば「学び方を学ぶこと」（learning how to learn）であり，「知識の構造とか知識生成の過程」についての知識（「メタ知識」）を学ぶことが基礎となる，と指摘している[3]。

　柴田は，これまでの知識を一方的に教え込むことなりがちであった教育から

1：文部科学省「21世紀を展望した我が国の教育の在り方について（中央教育審議会第一次答申）」1996.7.19. http://www.mext.go.jp/b_menu/shingi/chukyo/chukyo3/siryo/06083007/004/005.htm，（参照2015-06-01）．

2：前掲注1。

3：柴田義松「第3章　学び方教育の基礎理論」『柴田義松著作集7：学び方学習論』．学文社，2010，p.81．

「自ら学び，自ら考える」教育への転換が必要になる理由として，情報化の進展する現代社会をあげている。同時に，自主・自律の学習を求める教育論は，明治末年の頃から盛んに主張されており，学び方教育が学校教育の本質的な要素であることを明らかにしている[4]。

学び方教育は学力をどのように捉えるかに関わるが，柴田は「学ぶ力」を中心とした次のような学力の基本構造を提示している。

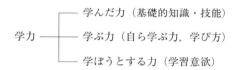

図3-1　学力の基本構造
(出典：柴田義松「第3章　学び方教育の基礎理論」
『柴田義松著作集7：学び方学習論』学文社，2010, p.111.)

この基本構造では，学力が三つの力に区分されているが，これらは相互に関係づけられるものである。学んだ力とは，基礎的知識・技能のなかで確実に習得されたものを指すと同時に，習得された基礎的知識・技能によって生み出される問題解決能力をも示唆していると考えることができる。一例をあげれば，国語科の授業をとおして基本的な語彙や文法を習得することにより，文章理解問題，たとえば，ある特定の出来事に関する新聞記事の内容を把握するという問題に取り組むことができるようになる。ここで注意すべきことは，児童生徒は，基礎的知識・技能をすべて習得していることが理想であるが，実際には未だ習得できていない基礎的知識・技能があることもまた事実である。よって，授業をとおして習得できなかった基礎的知識・技能は自ら学ぶことによって習得しなければならないことになる。文章理解問題の事例でいえば，授業をとおして習得した語句だけでは，新聞記事の文章を理解できない場合，わからない語句について自ら調べ，その意味を把握するという学習が求められるのである。学校教育をとおして学んだ力に限定した学力の育成を図る教育だけでは，いま

4：前掲書3, p.83-88.

だ習得していない知識・技能を必要とする問題には対処できない，ことになるのである。

　学ぶ力の育成が必要な理由は，授業で扱った知識・技能をすべて習得できているという理想的な状態にある場合でも，日々新たな知識が生産・流通する今日においては，学校教育では扱うことができなかった知識・技能が常に存在するという点にある。それゆえ，学校教育には，新たな知識・技能を学ぶ力の育成が求められるのである。

　再び，新聞記事の読解など，日常的に遭遇する文章の理解が求められる問題を例にすれば，これまでに習得した語句に関する知識だけで文章が理解できない場合，意味のわからない語句の意味を調べなければならない。すなわち，語句の意味を学ぶ方法について学んでおくことが求められることになる。この語句の意味を学ぶ方法は以下のような一連の知識と行動を学ぶことによって習得されることがわかる。

①語句の意味を調べるための情報源として「国語辞書」という類型の情報源がある，という知識を習得すること。すなわち，「情報源としてのレファレンス資料の類型に関する知識」を習得すること。

②上記①の知識をもとに，具体的な国語辞書（たとえば，『広辞苑』など）に関する知識を習得すること。すなわち，「特定の類型に属する具体的なレファレンス資料に関する知識」を習得すること。

③上記②の知識をもとに，特定の国語辞書を選択できること。すなわち，「特定の情報源としてのレファレンス資料を選択する行動」ができること。

④国語辞書は，見出し語がその読みの五十音に排列されているという知識を習得すること。すなわち，「特定の類型に属するレファレンス資料の構造に関する知識」を習得すること。

⑤国語辞書は，見出し語のもとに，その語句の意味が記述されている，という知識を習得すること。すなわち，「特定の類型に属するレファレンス資料の内容に関する知識」を習得すること。

⑥上記④の知識をもとに，意味のわからない語句の読みを使って国語辞書の見出し語を検索できること。すなわち，「特定のレファレンス資料を対象

に，見出し語を使って検索する行動」ができること。
⑦上記⑤の知識をもとに，意味のわからない語句の意味を知ること。すなわち，「特定のレファレンス資料を対象に，見出し語を使って，求める情報を入手し，知識を得る行動」ができること。

このように，文章理解の際に求められる語句の意味を知る方法に関する学習は7段階からなる知識と行動の連鎖からなる。辞書を使って語句の意味を知るというきわめて基礎的な学び方の学習でさえも，一連の知識と行動の連鎖からなる複雑な学びの過程からなることがわかる。こうして意味のわからない語句の意味を知るための学び方が習得されることにより，習得できていない語句が出現する文章理解という問題を解決できるようになるのである。

2．探究的な学習のモデル

2008年版の『学習指導要領』では，「総合的な学習の時間」のなかで，探究的な学習を目標に掲げており，同解説では，次のように指摘している[5]。

> 総合的な学習の時間については，その課題を踏まえ，基礎的・基本的な知識・技能の定着やこれらを活用する学習活動は，教科で行うことを前提に，体験的な学習に配慮しつつ，教科等の枠を超えた横断的・総合的な学習，探究的な活動となるよう充実を図る。このような学習活動は，子どもたちの思考力・判断力・表現力等をはぐくむとともに，各教科における基礎的・基本的な知識・技能の習得にも資するなど教科と一体となって子どもたちの力を伸ばすものである。［傍点は引用者による］

この解説のなかで，「探究的な活動」という用語が使われ，学習を探究的に行うことを求めているが，同解説では，この探究的な学習過程を次のように4

5：文部科学省「中学校学習指導要領解説：総合的な学習の時間編」2008.8，http://www.mext.go.jp/component/a_menu/education/micro_detail/__icsFiles/afieldfile/2011/01/05/1234912_013.pdf，p.6，（参照2015-06-01）．

段階からなる過程として示している[6]。

　探究的な学習とするためには，学習過程が以下のようになることが重要である。
　①【課題の設定】体験活動などを通して，課題を設定し課題意識をもつ
　②【情報の収集】必要な情報を取り出したり収集したりする
　③【整理・分析】収集した情報を，整理したり分析したりして思考する
　④【まとめ・表現】気付きや発見，自分の考えなどをまとめ，判断し，表現する

　この探究的な学習過程モデルにおいて注目すべき点は，図3-2に示したように，①から④に至る過程が順番に移行するだけではなく，"順番が前後することもあるし，一つの活動の中に複数のプロセスが一体化して同時に行われる場合もある，"[7]とし，螺旋型の学習過程を提示している点である。

　この探究的な学習過程モデルでは，「課題の設定」が起点となっている。授業のなかで設定される課題とは，基本的に教師から児童生徒に「課された問題（imposed question）」である（詳細は第4章を参照）。この探究的な学習において教師が課す問題の類型は図3-3のようにまとめることができる。

　問題類型①は，教師から課された問題に対して何ら変更を加えることなく，直接，その回答の提示が求められる場合である。たとえば，「過去50年間の日本人の平均寿命はどのように推移したか」というような問題である。この場合，児童生徒が自らの興味・関心から問題の焦点を絞り込む余地はない。この問題を課された児童生徒には，すべて同じ回答を示すことが求められる。

　問題類型②は，教師から課された問題に対して，児童生徒には自らの興味・関心から問題の焦点を絞り込む，あるいは問題を特定化することが求められる問題である。これは，さらに二つの類型に分けられる。一つは，教師から課された問題を児童生徒が特定化したうえで，事実データを求める場合である。た

6：前掲注5，p.96.
7：前掲注5，p.96-97.

2．探究的な学習のモデル | 33

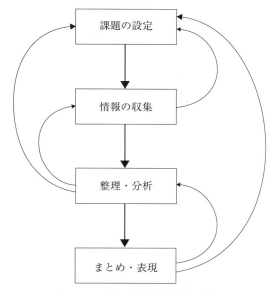

図3-2　探究的な学習過程モデル
(出典：文部科学省『中学校学習指導要領解説：総合的な学習の時間編』2008，p.96-97の図をもとに作成)

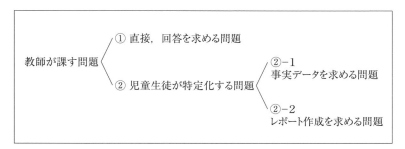

図3-3　教師が課す問題の類型

とえば，「公害問題について具体的なデータを調べなさい」というような問題がこれにあたる。この場合，「公害」についてどのような事例を選択し，データを調べるかは，児童生徒に委ねられている。すなわち，公害のうち，「騒音」を選択するか，あるいは「水質汚染」やその他の公害事例を選択するかは，児

童生徒が決定することになる。

「公害問題について具体的なデータをもとに論じたレポートを提出しなさい」という課題の場合には、これは問題類型②－2に該当する「レポート作成」に該当する。この課題は、具体的なデータを提示するという課題が含まれていることから、問題類型②－1を内包しているものである。

ところで、教師が課した問題について、児童生徒みずからが問題を焦点化し、その問題に関する情報を収集・整理・分析し、分析の結果をレポートとしてまとめ発表するという課題は、図3-2に示した探究的な学習に求められるすべての要素を必要とするという点で、探究的な学習を必要とする典型的な課題といえる。

3．探究的な学習指導の段階

ここでは、探究的な学習を進めるにあたって留意すべき指導について解説する。学習指導は、第一段階の導入、第二段階の展開、第三段階のまとめ、という3段階から構成されるが、探究的な学習において、教師が課した問題を、児童生徒が自ら取り組むべき問題として意識するための指導を行う段階を、導入の前に設定することが重要となる。

大熊は、第一段階の導入の前段階として「課題の設定」という段階を取り入れた、探究的な学習を志向した学習指導の必要性を指摘している[8]。すなわち、導入段階を一次の学習段階、展開を二次の学習段階、まとめを三次の学習段階とし、この「課題の設定」を0次の学習段階とした上で、その学習段階が必要となる理由とその意義を次のように述べている[9]。

　　なぜ、導入の前に「0次」段階なのか。
　　子どもが主体的に学ぶためには、学習指導は、あくまで子ども自らの課

8：大熊徹『国語科学習指導過程づくり：どう発想を転換するか：習得と活用をリンクするヒント』明治図書，2012, p.54.
9：前掲書8, p.54.

題意識や興味・関心を起点として展開されなければならない。しかし，実際には，何事にも興味・関心を示さない子ども，自らの課題を自ら見付けることのできない子どもも多い。

そこで，導入の前に，子どもたちの興味・関心を豊かに醸成する時間を十分にとるのである。その時間が「０次」段階である。

図３-４は大熊によって提示された学習指導過程モデルである。
このモデルでは，導入の前に「０次」段階を位置付け，さらに，まとめの後に「活用」の段階を位置付けた探究的な学習を志向した学習指導過程が提示されている[10]。この学習指導過程モデルでは，課題意識や興味・関心の醸成という０次の設定に加えて，従来の学習指導過程には見られない「活用」段階を「まとめ」の後に位置付けている。その理由について，大熊は次のように指摘している[11]。

> 国語科学習で身に付けた知識・技能を教室でまとめて終わりにしてしまっては，その学習は単なる教室内での学習でしかない。学校知でしかない。これに対して筆者は，国語科学習で身に付けた知識・技能は教室の外に広く開いて，子どもたちを取り巻く実生活に活かすべきではないかと考えている。この，国語科学習で身に付けた知識・技能を教室の外に広く開いて，子どもたちを取り巻く実生活に活かす過程が「活用」段階である。これは，つまり学校知と生活知との総合化の段階である。この段階を位置付けることによって，子どもたちは，教室での学習は単なる教室内だけの学習ではなく，実生活にも活きるものなのだということを実感するこができるのである。

「活用」段階の設定は，学習内容を実生活への応用につなげるという学習目標を子どもたちに与えることにもなる。大熊は，こうした学習目標の設定の意

10：前掲書８，p.26-27.
11：前掲書８，p.54-55.

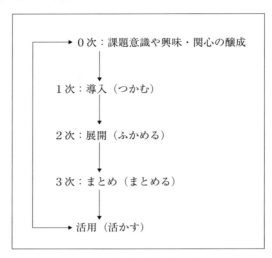

図3-4 学習指導過程モデル
(出典：大熊徹『国語科学習指導過程づくり：どう発想を転換するか：習得と活用をリンクするヒント』明治図書，2012，p.26-27の図をもとに作成)

義について次のように指摘している[12]。

> 子どもが自主的に主体的にかつ意欲的に学習活動に取り組むことのために見せるゴールとは，単なるまとめのためのゴールではなく，そこを起点として，学習の成果を教室の外に広く開くことのできる学習活動が期待できるようなゴール。しかもそのゴールが子どもたちの興味・関心を喚起し，おのずと自主的に主体的にかつ意欲的に学習活動を展開したくなるような魅力的なゴールである。[中略]
> 「導入」→「展開」→「まとめ」で学習活動を終わるのではなく，まとめの後に，学習で身に付けた知識・技能を教室の外に広く開いて実生活に活かす「活用」を位置付けるのである。

12：前掲書8，p.16-17.

この「活用」段階の設定は，習得した知識・技能を実生活の場面で応用する能力を育成するうえで，きわめて重要である。この応用能力の育成については，『中学校学習指導要領（平成20年改訂）』の「総則」の「第1　教育課程編成の一般方針　1」のなかに，次の記述がある[13]。

　　　学校の教育活動を進めるに当たっては，各学校において，生徒に生きる力をはぐくむことを目指し，創意工夫を生かした特色ある教育活動を展開する中で，基礎的・基本的な知識及び技能を確実に習得させ，これらを活用して課題を解決するために必要な思考力，判断力，表現力その他の能力をはぐくむとともに，主体的に学習に取り組む態度を養い，個性を生かす教育の充実に努めなければならない。

　以上，大熊が提示した「0次」段階の「課題設定」を起点とし，最後に「活用」段階を設定した学習指導過程モデルは，今日の学校教育に求められる主体的な学習に取り組む態度や課題解決能力の育成に有用であるばかりでなく，基礎的・基本的な知識および技能を習得するための学習指導としても注目すべきものである。
　次節ではこの大熊の学習指導過程モデルに類似したクルトー（Carol Colier Kuhlthau）の探究的学習指導理論について紹介する。

4．探究的な学習指導モデル

　クルトーは，探究的な学習こそが21世紀の学校教育に求められる学習モデルであり，児童生徒が身に付けるべき学習スキルであるとして，その意義を強調している[14]。クルトーは，探究的な学習過程において，児童生徒がどのような問いを立てながら，学習を進めていけばよいかを表したモデルを提示してい

13：文部科学省『中学校学習指導要領（平成20年改訂）』2008, p.1.
14：Kuhlthau, C. et al. *Guided Inquiry : Learning in the 21st Century*, Santa Barbara : Libraries Unlimited, 2007, 170p.

る[15]。

　図3-5は，クルトーが提示した探究的な学習指導モデルを拡張したものである。このモデルは，探究的な学習過程は児童生徒が立てる問いとその順序について7段階からなることを示している。その問いに使用されている動詞の英語表記の頭文字が示されている。

　児童生徒が最初に立てるべき問いは，「課題・テーマについてなにを知っているのか（What do I know?）」というものである。この最初の段階は，自らの既有知識の同定・確認，すなわち，教師から課された問題について，何がわからないか（不足している知識）を検討し，認識する段階である。この段階は，既有知識に関する確認を主たる活動することから，図3-5では，「知っている」を意味する"know"の頭文字Kが付記されている。

　次の段階が，この既有知識に不足している知識を得るために「学習したい知識は何か（What do I want to learn?）」を問う段階である。この段階は，問題に関する子どもの知的欲求が形成され，教師から課された問題から自ら取り組むべき問題への転換が行われるかどうかを示す重要な段階である。この段階は，"want"という動詞が使用されていることに注意したい。すなわち，児童生徒のなかに知的欲求が形成されることが必須となることから，この段階は「欲求」を意味する"want"の頭文字Wで表されている。

　次の段階が，不足している知識への欲求を満たすために，「どのように探すのか（How do I find?）」という問いを立てる段階である。この段階は，情報源を探索し，必要な情報を得るための活動が求められることから，探索を意味する"find"の頭文字Fで表されている。

　次の段階は，情報探索の結果，得られた情報から「何を学習できたのか？（What did I learn）」という問いを立てる段階である。この段階は，課された問題に関して，不足していた知識を学習し，問題解決に必要な知識が更新されたかどうかを自己判定する段階であることから，「学習」を意味する"learn"の頭文字Lで表されている。

15：前掲書14, p.4.

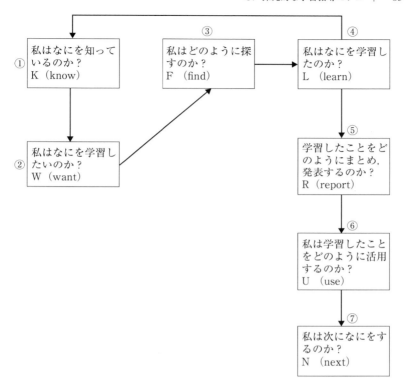

図3-5 探究的な学習指導モデル
(出典:Kuhlthau, C. et al. *Guided Inquiry : Learning in the 21st Century.* Libraries Unlimited, 2007, p.4の図に加筆)

　次の段階が,情報探索の結果,得られた情報を使って学習した成果を「どのようにまとめ,発表するか(How do I report?)」という問いを立てる段階である。この段階は,「まとめ・発表」を意味する"report"の頭文字Rで表されている。なお,この段階はクルトーのモデルでは設定されておらず,直前のLで表される段階に含まれていると考えられる。しかし,学習した知識を明確に認識するためには,他者に向けて学習の成果をまとめ・発表する作業が重要となるため,ここでは,独立した段階として設定している。

　次の段階が,習得した知識を使って問題の解決に取り組む段階であり,「私

は学習したことをどのように利用するのか（How do I use?）」という問いを立てる段階である。この段階は習得した知識を活用する段階であることから，「利用・活用」を意味する"use"の頭文字Uで表されている。

　課された問題から始まる探究的な学習は，習得した知識を活用した問題解決をもって終了する。ただし，探究的な学習においては，習得した知識では解決できない新たな問題への取り組みにつなげていくことが重要である。そこで，「今後，どのような問題に取り組むのか（What do I do next?）」という問いを立てる段階が設定される。この段階は次に取り組むべき問題を考える段階であることから，「今後」を意味する"next"の頭文字Nで表されている。

5．探究的な学習の領域

　探究的な学習に限らず，学習においては，取り組む課題への興味・関心の喚起を促す課題への意識の醸成が重要である。大熊は，この課題意識の醸成を重視した学習段階を提示したのは先に取り上げたとおりである。

　課題への興味・関心を喚起し，課題意識を醸成するうえで重要な点は，児童生徒の日常生活，あるいは経験の領域と学習課題を関連付けることである。この点に関して，クルトーは，探究的な学習指導においては，カリキュラムの世界と個人の生活世界が交わる領域で学習を成立させることの意義を指摘し，図3-6に示した「探究的な学習の領域」に関するモデルを提案している[16]。

　このモデルは，児童生徒の個人の生活世界を「第一領域」，カリキュラムの世界を「第二領域」としたうえで，その二つの領域が交差する領域を「第三領域」とし，探究的な学習はこの「第三領域」において成立することを示すものである。

　探究的な学習において重要なことは，カリキュラムの内容から遊離してはならず，児童生徒の個人的な生活世界で生起する事象だけを独立して取り上げ，カリキュラムに示された学習内容とは無関係に学習が展開してはならない，と

16：前掲書14，p.32.

5. 探究的な学習の領域 | *41*

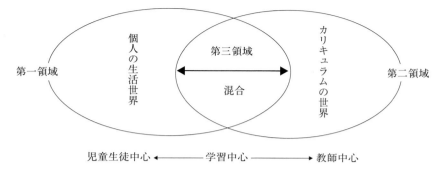

図3-6 探究的な学習の領域
(出典：Kuhlthau, C. et al. *Guided Inquiry : Learning in the 21st Century.* Libraries Unlimited, 2007, p.32.)

いうことである。逆に，児童生徒の生活世界や経験と遊離したなかで，カリキュラムの内容を専ら学習することは，探究的な学習とはいえない，ということである。

　図書館の情報資源は，カリキュラムの内容を補完・拡張するものとして，基本的に第二領域に属するものであるから，探究的な学習における図書館の情報資源の活用においても，第一領域の児童生徒の生活世界や経験との関係を重視する必要がある。すなわち，児童生徒が生活世界や経験のなかで生じた疑問を解決し，興味・関心を充足するための情報資源の選択・収集・提供が重要となる。

第4章
学習指導における問題の設定

　本章では，学習指導における問題の設定について解説する。授業において児童生徒が取り組む課題や問題は，基本的に授業者である教師が児童生徒に課した問題を起点にしている。しかし，『学習指導要領』においてその育成が重視されている問題解決能力においては，問題をみずから発見し設定する能力が重要となる。それゆえ，司書教諭として，学校図書館の情報資源の活用し，問題解決を必要とする探究的な学習をとり入れる場合には，個々の児童生徒が自ら取り組む問題を発見できるように指導することが求められる。

1．課された問題と自己生成問題

　探究的な学習過程の第一段階は「問題の設定」である。この課題は，基本的に教師から設定されるものであり，児童生徒にとっては「課された問題（imposed problem）」である。探究的な学習指導においては，課された問題に対する児童生徒の興味・関心を喚起させる課題意識の醸成が重要であることは，前章で見たとおりである。課題意識の醸成により，教師から課された問題を，児童生徒のなかで主体的に取り組もうとする問題として，すなわち，児童生徒が自ら生成した問題（self-generated problem，以下，自己生成問題）として認識することが探究的な学習の成否を決めるといっても過言ではない。

　一般に，児童生徒であれ，成人であれ，人間が取り組む問題には2種類ある。一つは他者から課された問題，あるいは，その解決を依頼された問題である。もう一つは，その人自身がある事象に興味・関心をいただき，その事象につい

てわからないことを問題として意識するような場合，すなわち，その人自身が生成した問題である。

　学校において，とりわけ授業において児童生徒がとり組む問題は基本的に他者である教師から課された問題である。この課された問題は望ましい回答が課した者によってあらかじめ定められているような問題である。したがって，問題に取り組む児童生徒にとっては，問題を課した教師が望むような回答を提示することが重要となる。試験問題というものはこの種の問題の典型である。そこには，問題に取り組む児童生徒の創造性や創意工夫の入る余地はない。ゆえに，児童生徒が主体的に取り組む活動が求められ，児童生徒ごとに異なる回答が前提とされているような探究的な学習では，児童生徒の創意工夫や創造性が発揮されないような課された問題は適していないことになる。探究的な学習では，児童生徒の興味・関心を喚起させる問題であって，児童生徒が主体的に取り組もうとする問題，すなわち，自己生成の問題として児童生徒が認識することが重要となる。

　さて，授業においては，原則として自己生成の問題から学習を開始することはできず，教師が何らかの問題を課すことが出発点にならざるを得ない。ゆえに，重要なことは教師が課す問題から自己生成の問題への展開を図ることである。そこで，以下，まず，自己生成問題の特質について解説し，そのうえで，課された問題をもとに生成する問題に取り組む学習について検討する。

2．自己生成問題の特徴

　自己生成問題には二つの種類がある。一つは，教師が課した問題に関して，児童生徒が個々に興味・関心のある問題を具体的に設定するような場合である。もう一つは，児童生徒が日常生活のなかで，自らの興味・関心から生じるような問題である。前章で取り上げたクルトー（Carol Colier Kuhlthau）の探究的な学習領域モデル（図3-6）でいえば，後者の問題は第一領域である個人の世界のなかで生じる問題に該当する。対して，前者の問題は第二領域のカリキュラムの世界の範囲で設定された問題ではあるが，そのなかで，第一領域の個

人の生活世界と重なる領域のなかで児童生徒が設定するような問題である。

　ところで，自己生成問題は，児童生徒にとって，既有知識では解決できない事象を指すものである。それに対して，教師から児童生徒に課される問題については，児童生徒はまずその問題が既有知識で解決可能かどうかを検討し，その結果によって，次の二つの行動に分かれることになる。一つは，既有知識ではその問題の解決ができない場合であり，この場合には，情報要求が生じ，解決に必要な情報への探索行動をとられる。もう一つは，既有知識で解決できる場合であり，この場合には，情報要求が生じることはなく，情報探索行動もとられない。

　図4-1は，既有知識との照合によって変化する問題解決過程を表したモデルと，文章理解問題の事例を示したものであり，図の上半分が問題状況から情報探索，知識更新を経て問題解決に至る過程を示し，下半分が文章理解問題の事例を示しており，両者の対応関係を点線で表している。なお，文章理解問題とは，文章を読み進めていく過程で，意味のわからない語彙を調べ，語彙の意味を知ることにより，文章理解問題を解決するというものである。

　ところで，探究的な学習といえば，ある問題を設定し，その問題の解決のために必要な情報を探索・収集し，得られた情報を分析・加工し，レポート等により学習成果を発信するという学習として，何時間にもわたるような学習活動を指すものと理解されている場合が多い。しかし，第2章で取り上げたように，学習指導要領においても，語彙の習得という基礎・基本となる知識とスキルを学習する方法として，探究的な学習方法が推奨されている[1]。基礎的な語彙の学習においても，以下で述べるような文章理解問題を設定した探究的な学習方法を導入することができる。

　さて，先述のとおり，自己生成問題で重要なことは，既有知識との照合が行われた結果として，自らの既有知識では解決できない問題としてそもそも発生するという点である。よって，ある問題状況（ここでは，文章理解問題）について既有知識の利用・照合（図4-1の(2)と(2')）の結果，問題解決が不可能

1：文部科学省『中学校学習指導要領解説：総則編』2008, p.22-23.

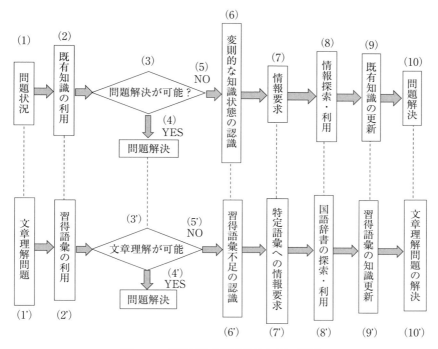

図4-1 問題解決過程と既有知識の更新

（文章中の特定の語彙の意味がわからない）として認識された（図4-1の(5)と(5')）問題が自己生成問題となる。

それに対して，教師から課された問題では，問題解決に取り組む児童生徒が自らの既有知識で問題の解決可能かどうかの判断がまず行われ（図4-1の(3), (3')），その結果，既有知識により問題の解決が可能と判断される（図4-1の(4), (4')）場合がある。その場合，課された問題はその児童生徒にとっては，既有知識を応用するだけの問題となる。よって，知らないことについて情報源を利用して新たな知識を獲得するような学習は生じないことになる。ゆえに，教師が児童生徒に問題を課すにあたっては，既有知識の応用を目的とするのか，あるいは，新たな知識獲得を目的とするのかを，見極めることが重要である。この見極めは，個々の児童生徒に対しても必要である。すなわち，既習の事項

であることから，教師は既有知識の応用を目的として問題を課したとしよう。しかしながら，児童生徒によっては，既習であるはずの事項に関する知識が未だ獲得されておらず，既有知識では解決できず（図4-1の(5)），新たな知識の獲得が必要な問題として捉えるような場合があることに注意しなければならない。

既有知識では解決できない場合，自らの知識状態が変則的であるとの認識（図4-1の(6)）をもつことにより，問題解決に必要な知識を獲得するための情報要求が生じる（図4-1の(7)）。次に，この情報要求を満たすための情報探索行動がとられ，得られた情報を利用する（図4-1の(8)）。この情報利用によって自らの知識が更新されることにより（図4-1の(9)），問題の解決が図られる（図4-1の(10)）。

文章理解問題でいえば，自己生成問題は，児童生徒が興味ある図書を図書館で借りて読んでいるなかで，意味のわからない語句があり，その語句が出現している文章全体の意味がわからない，という問題状況（図4-1の(1')）があげられる。あるいは，教師が国語科の授業のなかで，ある作家の作品の一節を教材として取り上げ，その文章の読解を学習するなかで，ある児童生徒にとって，文章中に意味のわからない語彙がでてきたような問題状況があげられる。この意味のわからない語彙に出合いその意味を調べるという問題は，教師から課された問題を起点にしているものの，児童生徒が既有知識との照合の結果，自ら生成した問題といえる。

いずれの場合でも，文章を読み進めるなかで，既有知識との照合が行われた結果，意味のわからない語彙があった時点で，その語彙の意味を調べるという自己生成問題が生じることになる。

なお，文章理解問題が教師から児童生徒に課されたものの場合には，児童生徒が，既有知識の利用により，当該文章の理解が可能と判断する場合が当然ながら考えられる（図4-1の(4')）。この場合には，意味のわからない語彙を調べるという自己生成問題は生じない。

教師から課された文章理解問題であれ，自ら興味ある図書を読み進めるなかで意味のわからない語彙があって文章が理解できないような自己生成問題であ

れ，意味のわからない語彙については，国語辞書という情報源を選択し，わからない語彙を見出し語として国語辞書を調べ，情報を入手し，利用することにより，その意味に関する知識を獲得することになる。こうして，その語彙に関する知識が加わり，その児童生徒の知識が更新されることにより，文章理解という問題が解決されることになる。

3．課された問題とその遷移

　問題は，自ら生成した問題，あるいは他者から課され解決を要請された問題のいずれかであるが，学校教育の場において児童生徒が取り組む問題は原則として教師という他者から課された問題である。この課された問題（imposed query，以下IQ）については，課した側がその問題の解決に関して意図していることが，課された側に的確に伝達され，理解されることが必要である。ところで，課される問題の解決は，図4-2に示したように，課す側と課される側だけでなく，問題解決を支援する者も加わった複雑な過程からなる[2]。問題は，図の円の下に示したとおり，教師が課す問題（IQ1）に始まり，教師による評価の対象となる問題とその回答（IQ6）に至る6段階にわたって遷移する。図の円内には，各段階の問題に関わる者が示されている。

　第一段階は，ある者が他者に課す問題（IQ1）を設定するという問題解決の「開始」段階を表している。授業の場面では，教師が児童生徒に課す問題を吟味のうえ，用意する段階を表すことになる。問題を課す者は，問題を吟味するにあたっては，回答がどのような情報源を使って得ることができるのか，どのような回答が望ましいのか，について予め考慮しておく必要がある。たとえば，教師が児童生徒に文章理解に関する問題を課す場合，教師は，児童生徒にとってわからない語彙や文法事項がどのようなものなのかを想定したうえで，すなわち課される側が有している語彙力や文法に関する知識を考慮しながら，難しすぎることなく，また易しすぎることのない，適切なレベル問題を設定する必

2：Gross, Melissa. *Studying children's questions : imposed and self-generated information seeking at school*. The Scarecrow Press, 2006, p.32.

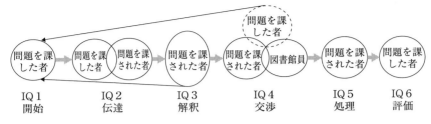

図 4-2　課された問題の遷移

（出典：Gross, Melissa. *Studying children's questions : imposed and self-generated information seeking at school*, The Scarecrow Press, 2006, p.32.）

要がある。さらに，わからない語彙や文法事項について調べる際に，児童生徒が利用可能な情報源にどのようなものがあるのかも，配慮しておかなければならない。すなわち，学校図書館に語彙や文法事項の調査に利用できる国語辞書や文法に関する事典類にどのようなものがあり，児童生徒の利用に必要な点数が用意されているのかを，事前に確認しておき，不足しているならば，その購入を図る必要がある。また，語彙の意味を調べるための情報源として国語辞書，漢字の読みを調べる情報源として漢和辞書があることを説明するとともに，それらの辞書の利用法に関する指導も求められる。

　第二段階は，問題を課す者が問題を解決する者に問題を「伝達」する段階であり，IQ2はその伝達された問題を表している。文章理解問題の例でいえば，教師が文章理解問題を児童生徒に課した段階にあたる。図4-2では，課した問題を表した円と課された者が受容した問題を表す円とに分けられており，その二つの円が完全に重なっていないことに注意する必要がある。すなわち，文章理解問題の例でいえば，児童生徒が問題に関して受容した内容と教師が伝達しようと意図した問題の内容が一致するわけではない，ということを，その二つの円の状態が表している。児童生徒のなかには，文章の内容そのものを理解するために必要な前提知識をもたないゆえに，教師が課した文章問題自体を理解できない者がいることも想定しなければならない。

　第3段階は，伝達された問題について，その問題を課された者が「解釈」し，受容した内容（IQ3）を表している。問題の内容については，IQ1 = IQ2 = IQ3，

となることが理想であるが，伝達された問題の内容が直ちに，その問題を課された者によって十分に理解されるわけではない。問題への理解が十分にできない場合には，問題を課された者は，問題を課した者にその内容やねらいを確認し，説明を求めることが必要となる。IQ3からIQ1への矢印は問題を課された者の確認行動を表している。再び，上記の文章理解問題の例でいえば，教師は一定の事前知識を前提に問題を作成し，出題することになろう。しかし，教師が前提とした事前知識について，児童生徒のなかには習得できていない場合を想定しなければならばならい。その事前知識とは，1)既習の文法事項や語彙に関する知識であり，2)読めない漢字や意味のわからない語句を調べるための情報源としての漢和辞書や国語辞書に関する知識，3)それらの辞書の使用法に関する知識，4)文章が表現の対象としている事象の主題知識などがあげられよう。これらのいずれの知識も，文章理解問題に取り組むうえで事前に習得しておかなければならないものである。そのひとつでも欠けるとき，児童生徒は教師から課された文章理解問題に取り組むことはできない。

　ところで，児童生徒が知識を獲得しようとする場合，図4-3で示したように，さまざまな情報源の利用を試みることになる。情報源の最初の選択行動（A）は，仲間に尋ねる（①），問題の事象によっては実際に経験・体験する（②），というものが考えられる。

　いずれの方法でも求める情報が得られない場合，図書等の文献の選択（B）が試みられる。すなわち，まず，手持ちの個人の資料の選択（③），手持ちの個人の資料では情報が得られない場合には，図書館の情報資源が選択されることになる（④）。図書館の情報資源については，まずは，自分自身で探索を試みる（④-1）。しかしながら，適切な探索戦略が構築できず，自分自身による探索では情報が得られない場合，司書教諭に尋ね（④-2），レファレンスサービスを利用し（④-3），回答を得ることになる。

　第4段階は上述のレファレンスサービスの利用という司書教諭への支援を求める段階であり，問題を課した者，問題を課された者，司書教諭という三者間の交渉の結果，生成される問題が（IQ4）である。IQ4の段階において，司書教諭は児童生徒にレファレンスインタビューを行い，児童生徒の応答を通して

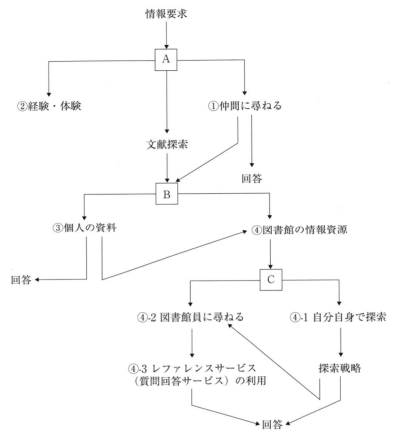

図4-3　情報探索者の情報源の選択行動

(出典：Taylor, R. S. "Question-negotiation and information seeking in Libraries," *College and Research Libraries*, vol. 3 , 1968, p.181の図に加筆)

教師が児童生徒に課した問題（IQ1）の内容を把握しようと試みる。こうして，司書教諭と児童生徒との交渉（質問応答）を通して共有された問題がIQ4ということになる。IQ4の生成にあたって司書教諭は，問題を課した教師に対しても，次のような点について確認することが必要となる。第一に，児童生徒が説明した問題と教師が課した問題が合致しているのかどうかである。すなわち，

児童生徒の問題に関する理解が適切なのかどうかを確認する必要がある。第二に，教師はこの問題を課す際にどのような情報源の活用を想定しているのか，ということである。あるいは，既習の知識の応用を目的としており，辞書等の情報源の活用は想定されていないのかどうかも，確認が必要である。さらに，児童生徒には，自分自身の力で情報探索し，司書教諭に支援を求めないように指示しているのかどうかも，確認しておく必要があろう。教師が司書教諭の支援を認めている場合には，どこまでの支援が妥当と考えているのかも，重要な確認事項といえる。

　文章理解問題でいえば，わからない漢字や語句について，適切な辞書・辞典を選択できるかどうかを評価することが，教師がこの問題を課した理由のひとつである場合，司書教諭による支援は最小限にしなければならない。あるいは，授業で指導した辞書・辞典の検索方法について，実際にわからない漢字や語句の調査に応用することをねらいとしている場合，児童生徒には検索方法に関する司書教諭の支援は避けなければならない。

　なお，学校図書館においては，司書教諭による児童生徒への支援，すなわちレファレンスサービスは，原則として案内指導を志向したものであることが望ましい。すなわち，わからない漢字の読みや語句の意味を尋ねる児童生徒からの質問には，直接回答を提供せず，漢字の読み方の調べ方，わからない語句の意味の調べ方について，すなわち情報探索法を回答する必要がある。これは，漢字の読みの調べ方に関する回答は，今後，読みのわからない漢字が出てきた場合，自分自身の力で調べることが可能となるからである。すなわち，情報探索法という回答は，新たな問題状況に転移可能な情報探索能力の獲得を支援することになるのである。

　第5段階は，児童生徒が教師や司書教諭との交渉の結果，確定した問題について，情報源の探索により得られた情報を利用して問題を処理し，回答を得る段階である。IQ5はその確定した問題を表すことになる。

　児童生徒は司書教諭からの支援を受けて選択した情報源から獲得した知識によって，問題への回答が異なる可能性が出てくる。文章理解問題の例では，特定の語句の意味がわからず，国語辞書を利用して調べて把握された語句の意味

については，原則として選択した辞書の違いによって，違いはでてこない。しかし，教師が理科の授業のなかで，児童生徒に次のような問題を課したとしよう。すなわち，「ハスの種類に〈大賀ハス〉というものがあるが，どんな植物なのか」という問題である。この問題に回答するには，1)百科事典や図鑑という情報源を選択すること，2)選択した情報源を使って〈大賀ハス〉について調べる際に，索引を利用して見出し項目を確認すること，という知識を児童生徒は事前に獲得していなければならない。ゆえに，実際に児童生徒が選択した事典や図鑑によって，その解説内容は異なることが考えられる。ある事典ではきわめて簡単な説明が得られるだけなのに対して，別の事典では「大賀」という名称が「大賀一郎」という博士による発見に由来していることが説明されているものもある。このように，わからない事象・事項内容が問題となる場合には，選択した情報源によって得られる情報内容は異なる。そこで，問題の解決に必要な情報の探索と入手にあたっては，複数の情報源を選択することが重要となる。それゆえ，司書教諭は，一つの情報源に偏ることなく，複数の情報源を選択・利用し，問題の解決にあたるように児童生徒を指導する必要がある。

　さて，問題の遷移の最後の段階である。第6段階は，児童生徒が問題を処理し，得られた回答（IQ5）を教師が評価する段階である。よって，IQ6は評価の対象となる問題を表すことになる。ここで注意すべきことは，評価の対象は，回答の内容だけでなく，回答に至る過程も含めるという点である。実際に，どのような情報源を選択し，いかなる検索語を使用して求める情報を入手し，回答を得たのかを，評価することが重要である。

　以上，課された（課した）問題について見てきたが，自己生成問題と大きく異なるのは次の点にある。すなわち，自己生成問題の場合には，解決するための方法の選択のみならず，解決結果の評価についても，その問題の生成者自身によってすべて行われる。それに対して，課された問題の場合には，課した側と課された側，さらには問題解決を支援する者も加わり，この三者による複雑な相互作用からなる問題の設定と解決が展開されることにある。

4．課された問題から自己生成問題への定式化

（1） 自己生成問題への定式化における留意点

　探究的な学習では，基本的に，教師から課された問題を起点にしながらも，課題意識を醸成する機会を設け，児童生徒が，自己生成問題として定式化したうえで興味・関心をもって学習を進めることが望ましい。この自己生成問題の定式化は，図4-2では，IQ3としての定式化にあたるものである。また，第3章で示した図3-2の探究的な学習モデルでいえば，自己生成問題は，起点にある「課題の設定」と次の段階である「情報収集」との螺旋過程を通して定式化されるものである。

　課された問題から自己生成問題への定式化は，探究的な学習における重要な作業ではあるが，ここで定式化される自己生成問題は，課された問題に依拠していることに留意する必要がある。すなわち，同じ自己生成問題であっても，児童生徒の興味・関心や疑問に依拠して児童生徒自身によって生成された問題と，課された問題に依拠した自己生成問題は区別されなければならない。その理由は，問題が解決されたかどうかを評価するのが，前者は児童生徒自身であるのに対して，後者は問題を課した教師であり，評価者が異なる点にある。さらに，問題解決に利用できる情報源と検索法に関する知識においても違いがある。すなわち，前者の自己生成問題では，情報源や検索方法に関する児童生徒の既有知識のみに基づいて解決が図られる。それに対して，後者の自己生成問題では，教師と司書教諭による情報源や検索法に関する指導を受けることにより，情報源や検索方法に関する知識を更新したうえで問題の解決にあたることができる。それゆえ，後者の自己生成問題の解決に関する学習を積み重ねることにより，前者の自己生成問題の解決能力も向上し，より複雑で高度な問題について自らの力で解決することが可能となることが期待される。

　それでは，教師によって課された問題から児童生徒自らが問題を生成するには，どのような学習指導が求められるのであろうか。そうした学習指導として注目されるのが，第3章で取り上げた児童生徒の課題意識の醸成を図る0次の

学習指導の導入である。ここではこの０次の学習指導を取り入れた二つの授業実践例を紹介し解説する。いずれも，教師によって課された問題から児童自らが問題を生成することを支援するために，課題意識を醸成する０次段階の学習指導を導入した実践例である。これらの実践例における０次段階の学習指導においては，第３章で取り上げたクルトーの「探究的な学習の領域」（図３-６）で示された個人の生活世界とカリキュラムの世界が交差する第三領域において学習課題が設定されていることが注目される。

（２）授業実践事例(1)

　最初に取り上げる事例は，小学校１年生を対象にした国語科の「じどう車ずかんをつくろう─こんな車をしらべたよ─」という単元の授業である[3]。単元目標には，図４-４に示した３点があげられている。

　この授業は，教師が「自動車の図鑑を作る」という問題を児童に課しており，児童は図鑑の作り方を解説した教科書を読み，図鑑の作り方を学習したうえで，特定の自動車を選択し，図鑑を作るという課題に取り組むことになる。児童はどのような自動車を取り上げるのか，さらに自動車のどのような面に着目した図鑑を作成するのか，という問題を自ら生成しなければならない。すなわち，自己生成問題の設定が児童に求められているのである。

　児童による自己生成問題の設定を支援するために，教師は，課題意識を醸成する０次段階の学習指導を導入している。すなわち，教師は「車調べの実体験をさせる」という指導を行っている。具体的には，教室に自動車コーナーを作り，図鑑やたくさんのミニカー，写真等を提示するだけでなく，校庭に郵便車や清掃車，パトカー等を招きいれ，児童が直接，働く自動車に触れ，興味・関心を喚起するように，さまざまな工夫がこらされ，児童の課題意識が十分に醸成されるように配慮している[4]。このように，児童がこれまで見てきたであろう各種の自動車を実際に校庭に配置することで，児童の生活世界とこの授業の単

---

[3]：大熊徹『国語科学習指導過程づくり：どう発想を転換するか：習得と活用をリンクするヒント』明治図書，2012, p.30-33.
[4]：前掲書３，p.33.

> ① 自動車に興味を持って読み進めようとし、図鑑作りに必要な情報を集める。
> ② 三種類の自動車について、仕事と作りの関係を考えながら内容の大体を読み取る。
> ③ 自分が選んだ自動車について、教材文を参考にして簡単な組み立ての文章を書き、書いた文章を振り返る。

図4-4　0次の学習指導を取り入れた授業の単元目標
（出典：大熊徹『国語科学習指導過程づくり：どう発想を転換するか：習得と活用をリンクするヒント』明治図書，2012，p.30-33.）

元とを見事に関係付けているのである。

　こうした0次段階の学習指導として用意された実体験を通して、児童が興味のある自動車を選択した時点で、児童はもはや教師から課された問題として意識することなく、自らの興味・関心に基づいて問題に取り組み始めているのである。つづいて、学習指導の1次段階の「導入」、2次段階の「展開」へと進み、3次段階の「まとめ」に至っている。この「まとめ」の段階では、最終的に児童が作成した図鑑を相互に読みあい、感想を述べあう場面が設定されている[5]。この授業のもう一つの注目すべき点は、「まとめ」の後に学習成果の「活用」の段階が設けられていることである。この「活用」では、保護者に感想を書いてもらう、図書室に展示するなどの活動が示されている。こうした「活用」の段階を取り入れることにより、児童の意欲を一層喚起し、興味・関心をもって図鑑作りという問題に取り組むことにつながっているといえよう。

　このように、学習指導は通常、1次段階の「導入」、2次段階の「展開」、3次段階の「まとめ」から構成されるが、1次段階の前に0次段階として「課題意識の醸成」を取り入れ、3次段階の「まとめ」の後に学習成果の「活用」という段階をおくことで、児童による主体的で意欲的な学習活動を可能にしているのである。

5：前掲書3，p.33.

(3) 授業実践事例(2)

　次に取り上げる事例は，小学校3年生を対象にした国語科の授業であり，単元名は「課題解決に向けて説明文を読みこなそう－「めだか」（杉浦宏）－」である[6]。授業者が記した単元の説明と本授業を通して児童につけたい力は図4－5に示したとおりである。

　この授業は教材で取り上げられている「めだか」に関する説明文の読解を扱ったものであるが，先に取り上げた授業実践例と同様，児童に課題意識を醸成させる0次の学習指導が取り入れられている。すなわち，教材文のテーマとなっている「メダカ」に関する課題意識の醸成を図るために，校庭で生き物を見つけるという直接的な体験の機会を用意している。こうして，児童の生活世界における事物（校庭の生き物）と教科書のなかで取り上げられている事物（メダカ）とを関係付けることにより，児童に教材文を読む動機が形成されることが期待できる。

　0次の学習指導により，児童はメダカに関する疑問や知りたいことを意識し，自ら問題を生成することになるのである。この0次の学習指導を経て，学習指導の1次段階である「導入」において，児童は教材文の読解に臨み，自らが生成した問題の解決が可能な情報を教材文から読みとろうとする学習が進められる。しかし，教材文の情報では自ら生成した問題が解決できないとわかった時点，学習指導は第2次段階である「展開」に移行し，教師は次の図4－6に示した図書館の情報資源の活用へと促す指導を行っている。

　図書館の情報資源に関する指導では，図鑑という類型の情報源を紹介し，目次や索引という検索の手段について説明されている。また，図鑑というレファレンス資料だけでなく，通読用の一般図書の探索についても指導していることがわかる。

6：「読むことの学習②（説明文教材）」『国語科授業を活かす理論×実践』大熊徹ほか編著，東洋館出版社，2014，p.30-49．

4．課された問題から自己生成問題への定式化 | 57

【単元について】
　説明文を読む動機を子ども側に求めた単元である。ただし，動機が子ども側にあるといっても，既習事項のみで学習が進むのではなく，課題解決に向けて説明文から情報を読みとり，課題解決に有効な説明文かどうかを判断し，必要ならば情報を整理してまとめていく力の定着を目指した単元である。

【つけたい力】
- 課題解決に必要な情報が書かれている部分を選び取る力。
- 本文に書かれていない情報を，既習の知識や体験などより補い，読み進める力。
- 書かれている情報がどのような視点から書かれた内容なのか意識して読み進める力。
- 課題解決に必要な情報を多様な視点からの集め，関係づける力。

図4-5　0次の学習指導を取り入れた授業の単元目標

（出典：「読むことの学習②（説明文教材）」『国語科授業を活かす理論×実践』大熊徹ほか編著，東洋館出版社，2014，p.31．）

《第2次（展開）》	評価の観点
【1時間目】	
○　目次や索引の機能を知り，図鑑でも情報を得られるようにする。	図鑑でも，索引と目次を使い，課題解決に向けて情報を集めることができる。
【2時間目】	
○　校庭で見つけた調べたい生き物について図書館で関連図書を探したり，図鑑で調べたりする。	○　調べたい生き物についての関連図書を集めて読み進め，気になっていた課題について解決を図ることができる。

図4-6　第2段階の学習指導

（出典：「読むことの学習②（説明文教材）」『国語科授業を活かす理論×実践』大熊徹ほか編著，東洋館出版社，2014，p.31．）

5．まとめ

　本章では，学習指導において，児童生徒が主体的に取り組むために必要な問題の設定について解説した。司書教諭は，教師が課した問題を，児童生徒が自らの問題として捉え，生成するために必要な支援を行う必要がある。教師から課された問題を児童生徒が自己生成問題として捉え，その解決にあたるためには，図4-2に示したように，教師，児童生徒，司書教諭との間での様々な情報交換と意思決定が必要となる。司書教諭はこうした情報交換と意思決定の必要性とその内容を十分に理解し，児童生徒による問題解決を支援する必要がある。

第5章
情報リテラシーの内容と指導方法

　本章では，司書教諭として，学校図書館の情報資源の活用に必要な知識とスキルを指導する際，実際にどのような知識やスキルについて取り上げ，児童生徒によるその習得を支援すればよいのか，について解説する。

　以下で見ていくように，学校図書館の情報資源の活用に関する知識とスキルからなる能力は情報リテラシーとして捉えられていることに注意する必要がある。学校図書館の情報資源の活用に関する知識とスキルは情報探索法に限定して設定することもできるが，情報リテラシーという概念は図書館の情報資源の探索法に加えて，情報の整理法，情報の表現法を含む幅広い概念を表すものであり，探究的な学習に必要な知識やスキルとして捉えることができるものである。

　情報リテラシー教育は，①司書教諭が独自に実施する方式，②教科の学習と関連づけて実施する方式，③教科の学習に統合して実施する方式，の3通りがある。このなかで②と③の方式を採用する場合，司書教諭には，情報リテラシーの内容について教師に十分に説明したうえで，教師が担当する部分と司書教諭が担当する部分を明確にしたうえで，分担して実施することが求められる。

1．情報リテラシーの概要

　情報リテラシーの内容を取り上げ体系化したものとしては，全国学校図書館協議会が編集した『情報を学習につなぐ：情報・メディアを活用する学び方の指導体系表解説』[1]（以下，『体系表』）と日本図書館協会図書館利用教育委員

会が編集した『図書館利用教育ガイドライン合冊版：図書館における情報リテラシー支援サービスのために』[2]（以下，『ガイドライン』）があげられる。

　前者の『体系表』は「小学校低学年」「小学校中学年」「小学校高学年」「中学校」「高等学校」に分けられており，図5-1はその「高等学校」の内容を示したものである。後者の『ガイドライン』は館種別に「公共図書館版」「学校図書館（高等学校）版」「大学図書館版」「専門図書館版」に分けられており，図5-2はその「学校図書館（高等学校）版」を示したものである。

　さて，『ガイドライン』によれば，情報リテラシーについて次のように定義されている[3]。

　　　情報探索法・整理法・表現法などを含む総合的な情報活用能力。コンピュータ利用能力だけでなく，情報の評価および情報倫理の理解を含めて，あらゆる情報の活用が可能な能力をいう。図書館利用能力も大きな部分を占めている。

　この定義では言及されていないが，情報リテラシーは問題や課題を解決するために必要な能力であり，学習能力の基礎となる能力である。情報リテラシーを構成する情報探索法は，問題や課題の設定と定式化と密接に関連しており，情報探索能力の如何が問題や課題の設定と定式化を規定することになる。その意味で，第4章で取り上げたように，教師から課された問題に対して情報探索の結果に基づいて児童生徒による自己生成問題へと定式化する能力も情報リテラシーの重要な構成要素である。

　さて，第1章で述べたように，児童生徒が問題や課題に取り組む場合，学習指導という観点から，次の二つのことが学習のねらいとなる。一つはすでに学び，習得した知識を活用して問題や課題が解決できるか，という知識の応用を

1：全国学校図書館協議会編『情報を学習につなぐ：情報・メディアを活用する学び方の指導体系表解説』全国学校図書館協議会，2008，47p.
2：日本図書館協会図書館利用教育委員会編『図書館利用教育ガイドライン合冊版：図書館における情報リテラシー支援サービスのために』日本図書館協会，2001，81p.
3：前掲書2，p.75.

1．情報リテラシーの概要 | 61

	I　学習と情報・メディア	II　学習に役立つメディアの使い方	III　情報の活用の仕方	IV　学習結果のまとめ方
高等学校	○学習の意味を考える ・学習とは何か ・学習を考える ○情報化社会とわたしたち ・現代社会と情報、メディア ・情報、メディアの種類と特性 ○図書館の機能を知る ・学校図書館 ・公共図書館 ・ネットワーク	○図書館を利用する ・分類の仕組み ・排架の仕組み ・目録の種類 ・レファレンスサービス ○各種施設を利用する ・博物館 ・資料館 ・美術館 ・行政機関 ・企業 ・その他の施設 ○課題に応じてメディアを利用する ・参考図書 ・新聞、雑誌 ・ファイル資料 ・視聴覚メディア ・電子メディア	○情報を収集する ・各種メディアの活用 ・人的情報源の活用 ・調査、実験、体験からの情報の入手 ○効果的に記録する ・目的に応じた情報のまとめ方 ・ノートの作成法 ・カードの作成法 ・切り抜き、ファイルの作成法 ・AV機器等を使った記録の取り方 ・コンピュータを使った記録の取り方 ○情報の取り扱い方を知る ・インターネット ・著作権 ・情報モラル ・個人情報	○学習結果をまとめる ・評価した情報の整理 ・自分の考えのまとめ方 ・目的に応じた記録のまとめ方 ・資料リストの作成 ・まとめたことを発表する ・レポートにする ・口頭による発表 ・展示、掲示による発表 ・実演による発表 ・写真、AV機器を使った発表 ・コンピュータを使った発表 ○学習の過程と成果を評価する ・調査研究の方法と過程 ・成果の評価 ・相互評価

図5-1　全国学校図書館協議会編「情報・メディアを活用する学び方の指導体系表」
（出典：全国学校図書館協議会編『情報を学習につなぐ：情報・メディアを活用する学び方の指導体系表解説』全国学校図書館協議会、2008、p.47.）

	領域1 印象づけ	領域2 サービス案内	領域3 情報探索法指導	領域4 情報整理法指導	領域5 情報表現法指導
目標	・図書館は生徒の学習、研究を情報面から支援する機関であることを周知する ・図書館が備える各種のメディアを提供するサービス機関	・自分の学校の図書館の特徴、検索ツールの配置と利用法、参考ツールの存在と有効性 ・サービスの種類（貸出、予約、リクエスト、レファレンスサービス等）	・資料の基本タイプと利用法（図書、雑誌、新聞、参考図書、オンラインデータベース等） ・情報機能へのアクセス手段と使い方（著者名、タイトル、キーワード、分類記号、件名標目等）	・情報内容の抽出と加工法（要約、引用、抄録、翻訳、レポート、書誌事項等）	・情報論理（著作権、プライバシー、公正利用等） ・レポート、論文、報告書等の作成法（構成、書式） ・引用記述法 ・プレゼンテーション技法（話し方、資料の提示法等）
方法 関連なし	・ポスター、ステッカー、ちらしなどの広告媒体による図書館の存在の印象づけ ・授業の中で教師による図書館の意義への言及 ・授業テーマに関連づけたブックトーク	・新入生オリエンテーション ・学年別オリエンテーション ・パスファインダー、リーフレット（利用手引き）の配布	・教科別用語のバスファインダーの作成と配布 ・学年別オリエンテーション ・図書館内オリエンテーリングの実施	・情報の整理、加工法の独習用、集団用ツール（ビデオ、パンフレット）の作成と提供 ・生徒が利用できる情報整理・加工コーナー	・情報表現法の独習用、集団用ツール（ビデオ、パンフレット）の作成と提供 ・生徒が利用できる情報整理・加工コーナー ・生徒の発表の場（発表会、討論会、展示会等）
方法 関連あり	・教科の内容と関連づけて、図書館の意義について説明し、授業時間内にデータベース利用ゲームの提供	・授業・レポートに関してビデオをはじめとして、各種図書館サービスが利用できることを生徒に知らせる。また、それらから利用するように教師から指導する。	・教科の内容と関連づけで、情報探索の方法について、授業時間内に説明し、実習させる。	・教科の内容と関連づけて、情報整理の方法について、授業時間内に説明し、実習させる。	・教科の内容と関連づけて、情報表現の方法について、授業時間内に説明し、実習させる。
統合	・総合的な情報教育のカリキュラムに従って、図書館と教科が相互に協力して、「関連なし」「関連あり」の段階の方法も、そのカリキュラムに従って体系的に実施される。				

図5-2 「図書館利用教育ガイドライン：学校図書館（高等学校）版」

（出典：日本図書館協会図書館利用教育委員会『図書館利用教育ガイドライン：学校図書館（高等学校）版』「図書館利用教育ガイドライン合冊版：図書館における情報リテラシー支援サービスのために」日本図書館協会、2001、p.26-27.）

ねらいとする場合である。もう一つは，問題や課題の解決のために必要な知識が不足している場合であり，その不足している知識を獲得し，獲得した知識を使って問題や課題の解決をはかる場合である。この後者の学習が探究的な学習にあたるものであり，情報リテラシーが必要となるのはこの探究的な学習の領域である。

『ガイドライン』と『体系表』に示された情報リテラシーに共通する要素として次の3要素をあげることができる。第一に，問題解決に必要な情報を探索・収集するための知識とスキルである。『ガイドライン』では「領域3　情報探索法指導」に，『体系表』では「Ⅱ　学習に役立つメディアの使い方」と「Ⅲ　情報の活用の仕方」にそれぞれ示されている。

第二に，収集された情報を整理・加工するための知識とスキルである。『ガイドライン』では「領域4　情報整理法指導」に，『体系表』では「Ⅲ　情報の活用の仕方」にそれぞれ示されている。

第三に，整理・加工された情報をもとに新たな情報を作成・発信するための知識とスキルである。『ガイドライン』では「領域5　情報表現法指導」に，『体系表』では「Ⅳ　学習結果のまとめ方」にそれぞれ示されている。

情報リテラシーの学習で重要なことは，情報リテラシーに関する学習と情報リテラシーを活用した学習とを区別しておくことである。いうまでもなく，学校教育においては，後者の情報リテラシーを活用した学習能力の育成が最終的な目標である。この最終目標を達成するためには，情報リテラシーに関する学習により，情報リテラシーを十分に身についておくことが必要である。

次節では，情報リテラシーの内容にあたる「目標」に加え，「方法」をも示している『ガイドライン』を取り上げ，情報リテラシーに関する指導目標と指導方法について解説する。

2．情報リテラシーの領域

ここでは，日本図書館協会図書館利用教育委員会がまとめた『ガイドライン』[4]を取り上げ，情報リテラシーの概要について解説する。この『ガイドラ

イン』は，学校図書館をはじめ，大学図書館，公共図書館，専門図書館を対象に館種ごとに作成されたものと館種横断的な総合版からなっている。学校図書館版は高等学校の図書館において情報教育に取り組む際の指針として提示されたものである[5]。図5-2が学校図書館版の『ガイドライン』であるが，指導内容は目標と方法に分けられ，五つの領域から構成されている[6]。

　この5領域は，"情報を利用するときの流れを五つの作業ステップに区分けしたもの"[7]と説明されている。ここでの情報利用という概念は次のような幅広い概念を表している。すなわち，情報を収集，選択，整理し，その結果，整理された情報を活用して新たな情報を発信するまでの過程を情報利用としている[8]。方法の区分にある「関連なし」とは図書館が独自に実施できるものを表し，「関連あり」は各教科と関連づけた取り組みとして実施する場合を示している。「統合」は図書館と教科が共通の体系的な情報教育のカリキュラムを持ち，分担して指導を行っていく形態を示している[9]。

　さて，5領域は，「印象づけ」「サービス案内」「情報探索法指導」の3領域と「情報整理法指導」「情報表現法指導」の2領域からなり，図書館がおもに関係するのは前者の3領域である。情報探索法指導を独立して実施し，児童生徒の情報探索能力の育成を図ることは可能である。通常，図書館利用指導として実施される場合には，この情報探索法の指導が中心となる。ただし，ここで注意すべきことは，情報の活用をとおして課題や問題を解決しようとする学習者にとって，「情報探索」「情報整理」「情報表現」は一連の過程として捉えられている，ということである。情報探索の結果，得られた情報を整理・加工し，新たな情報としてまとめ発表することによって，課題や問題解決が図られる。ところで，情報探索は，問題や課題の設定や定式化の段階においても必要とな

4：前掲書2，p.26-27.
5：前掲書2，p.19-33.
6：前掲書2，p.26-27.
7：前掲書2，p.22.
8：前掲書2，p.22.
9：このガイドラインは高等学校の図書館を対象にしたものだが，小学校および中学校における情報リテラシー教育において利用可能である。よって，以下においては，指導対象として児童をも含めて解説する。

る行動である。ゆえに，情報探索・収集に関する指導は，問題や課題の定式化に必要な情報の探索・収集に関する知識とスキルの獲得をも目標に実施する必要がある。

（1）印象づけ

　領域1の「印象づけ」は，つぎの領域2の「サービス案内」とともに，領域3の「情報探索法指導」の下位領域として位置づけられる。すなわち，領域1の「印象づけ」は，探究的な学習において，問題や課題の設定および問題や課題の解決に必要な情報を探索・収集する際に，図書館の情報資源を選択するという意思決定を行うために必要な指導内容を示したものといえる。

　領域1の「印象づけ」では，図書館の情報資源が専門知識を有する専門家によって記述された公刊物であり，公共的知識（public knowledge）が記録され知の典拠（cognitive authority）として機能する情報源（辞書・事典類，一般図書，専門図書，雑誌等）から構成されていることを学習させるものである。そのうえで，図書館はそうした情報源を収集・組織・蓄積し，提供することにより，人々の知る自由を保障し，自主的な学習を支援する施設であることを理解させることが指導目標となる。

　領域1の指導方法としては，図書館独自で実施するものとして広報資料の配布や案内板への掲示などがあげられている。一方，教科の授業のなかで実施する場合には，教科担当教員や司書教諭による図書館の機能や意義等に関する授業という方法がとられる。授業のなかで実施する場合，なぜ，学習において図書館の情報資源の活用が必要なのかを生徒に理解させることが必要である。

　この学習と図書館の情報資源との関係については，第1章で解説したとおり，学習における図書館情報資源の利用の意義について理解させることが重要となる。さらに，第4章で示したとおり，学習には習得した知識を応用して課題や問題を解決する活動と，情報源を探索して新たな知識を獲得し，獲得された知識を利用して課題や問題を解決する活動がある，ということをまず理解させることが必要である。そのうえで，後者の学習においては，公共的知識が記録され，知の典拠としての機能を果たす図書館の情報資源を選択し，利用すること

が重要であることを認識させることが重要である。

（2）サービス案内

　領域2の「サービス案内」では，自校の学校図書館に関する基本的な事項（開室時間，蔵書数，蔵書構成，貸出手続き，レファレンス資料と一般資料の排架場所，蔵書目録の利用法等）と図書館が提供する各種のサービスへの理解が指導目標となる。領域1が図書館という存在とその機能に関する基本的な理解を目標とするのに対して，この領域2では実際に特定の図書館を利用する際に必要な事項を対象に指導することになる。

　指導方法としては，図書館が独自に実施するものとして，対面で実施されるオリエンテーションと利用案内のパンフレットというメディアを利用した間接的な指導とに分けられる。教科の授業のなかでの指導は，図書館利用が必要となる具体的な課題や問題，レポート課題等に取り組む学習場面が設定されることにより，児童生徒には図書館サービスに関する学習への動機づけが与えられるという利点がある。しかし，教科の授業内での指導は，図書館に関する説明に充てられる時間の制約もあるなかで実施される。そのため，教科で扱う特定の課題や問題の解決に必要な図書館利用に限定されがちであり，児童生徒にとって図書館サービスの全般的な理解を得にくいという問題点がある。

　一方，図書館独自で実施される指導は，オリエンテーションのための時間が設定されることで，図書館サービス全般に関する体系的な指導も可能となる。しかし，教科内での指導とは異なり，児童生徒にとって，図書館に関する学習目的や動機が必ずしも明確ではないことが考えられる。何のために図書館について学ぶのか，という動機付けを明確にさせるためには，自ら学ぶことの重要性と主体的な学習における図書館の情報資源の位置づけを意識させるような指導が求められる。

（3）情報探索法指導

　領域3は「情報探索指導法」であるが，ここでは課題や問題の解決のために必要となる情報を探索・収集するうえで実際に必要となる知識とスキルが指導

対象となる。領域1と領域2が情報探索に関する背景的な知識やスキルを扱っているのに対して、この情報探索法の指導は課題や問題の解決に直接かかわる知識やスキルを扱うという点で実践的な内容を扱うものである。

　この情報探索法の指導は、情報源に関する指導と情報源から必要な情報を検索する技法に関する指導に分けられる。前者の指導内容は、図5-2に示した図書館の情報資源の基本的な類型（図書、雑誌、新聞、レファレンス資料等）を扱うが、この類型化には複数の基準が混在している点に注意する必要がある。すなわち、図書、雑誌、新聞、オンラインデータベースは情報源の形態に関する区分であるが、レファレンス資料は利用目的・方法による区分である。その利用目的・方法による区分では、参照利用を基本とするレファレンス資料（辞書・事典、書誌・索引等）と通読利用を基本とする一般資料・専門資料に大別される。

　この領域3の情報源に関する指導では、主題別に具体的なレファレンス資料について紹介し、その利用法を指導する必要がある。各主題に関する主要なレファレンス資料については、『日本の参考図書』（日本図書館協会）や長澤雅男・石黒祐子著『レファレンスブックス－選び方・使い方』（日本図書館協会）などのレファレンス資料を紹介した情報源を参照するとよい。各主題に関する情報源の指導は、特定の課題や問題と関連づけることが有効であるため、教科の授業のなかで行うことが望ましい。

　もう一つの情報検索技法の指導については、情報源の違いにかかわらず共通した部分と特定の情報源に限った部分に分けて行う必要がある。図5-2の『ガイドライン』には図書や雑誌記事等の文献を検索するときに使用される手がかりであるアクセスポイントが示されている。ここで、アクセスポイントとは、文献や情報を検索する手がかりとなるもので、著者、書名、件名などからなる。百科事典や専門事典などの事実検索用情報源の場合には、索引を使って検索し、そのもとに解説が記されている見出し項目を確認するという検索方法をとるよう指導する必要がある。索引には、事典の種類によっても異なるが、一般的には、事項索引（件名索引）や人名索引が用意されている。なお情報検索技法の詳細については、第6章から第9章を参照されたい。

情報探索法指導の方法としては，図書館独自の取り組みとして特定のテーマに関する基本的な情報源とその利用法を解説したパスファインダーの作成と配布，および図書館内オリエンテーリングの実施があげられている。このパスファインダーの作成にあたっては，各教科の学習課題を踏まえて，主題ごとに作成しておくことが望ましい。パスファインダーに収録する情報源には，レファレンス資料を中心とした図書館蔵書に加えて，その信頼性を十分に検証し選定したウェブ情報源も含めることができる。図書館内オリエンテーリングでは，単にレファレンス資料やデータベースを紹介するだけでなく，実際に特定の質問を設定し，レファレンス資料を検索して回答を提出させるような学習を取り入れることが望ましい。また，図書の排架の際の分類に使用されている『日本十進分類法（NDC：Nippon Decimal Classification）』の解説と特定テーマに関する分類記号を使った書架探索の課題なども用意するとよい。

情報探索指導は，具体的な学習課題を設定し，教科の授業のなかで実施することも可能である。しかしながら，情報探索に関しては体系的な知識とスキルに関する学習が必要であり，教科の授業の一部として扱うことができる内容をはるかに超えている。したがって，『ガイドライン』で示されているように，"統合的な情報教育のカリキュラムに従って図書館と教科が相互に協力して，説明し，実習させる"[10]という教科と図書館が連携し，統合型の指導方法を採用することが推奨される。

（4）情報整理法指導

領域4は情報整理法に関する指導であるが，ここでは領域3で習得した情報探索に関する知識とスキルを使って実際に探索・収集した情報源の内容を抽出・圧縮（要約）・加工・整理・引用する方法を扱う。『ガイドライン』のなかには明記されていないが，この領域4の指導において重要なことは，情報探索を通して収集された情報源のなかから，課題や問題の解決に適合した情報内容を含む情報源を評価し選択するという段階を取り入れることである。この情報

10：前掲書1，p.26-27．

源の評価は探索・収集された情報源の書誌事項等を手がかりに、課題や問題解決のための情報源として適合しているかどうかを評価する。次いで、評価のうえ選択された情報源についてその内容を抽出・圧縮（要約）する、という手順を踏むとよい。

　選択された情報源については、その書誌事項を所定の規則に従って記録する必要がある。その規則については第8章で解説しているので、参照されたい。課題や問題の解決に利用した情報源に関する書誌事項の記録は、次の領域5の情報表現法指導において、レポートや発表における引用文献、出典として明記する際に使用される。

　情報整理法指導の方法としては、図書館が独自に実施するものとして情報整理用のツールや場所の確保があげられている。これに加えて、書誌事項の記録法や文献リストの作成法を解説した資料を作成し配布することも図書館が独自に実施できる方法である。教科の授業で実施する場合には、探索・収集された情報源のなから課題や問題の解決に適合する情報源を選択する際の留意事項と情報内容の整理に関する事項が指導対象となる。すなわち、情報源の選択にあたっては、特定のテーマについて多様な意見や観点を知ることができる情報源を選択し、特定の観点に偏った情報源を選択しないように指導することが重要である。これらの指導には、いずれも課題や問題に関する専門的な知識が必要となるため、課題や問題に関する専門知識を有する教科の教員による指導が望ましい。

（5）情報表現法指導

　領域5は情報表現法に関する指導であるが、この領域は2008（平成20）年に改訂された学習指導要領において重視されている表現力の育成にも関わる重要な指導を扱うことになる。ここで表現力とはレポート作成能力や学習成果の口頭発表能力と言い換えることができる。この表現力の育成において注意すべきことは、前段階の情報探索能力と情報整理・加工能力の育成が基盤になる、ということである。なぜなら、レポート作成にあたっては、どのような文献に依拠し、典拠として論述し自らの意見を形成しているかかが重要となるからである。

それゆえ，典拠とする情報源の探索能力に大きく依存することに注意する必要がある。

　この典拠とする情報源の問題についてもう少し解説を加えておきたい。今，同一の主題を扱ったレポートを作成するような課題を考えてみる。同一の主題について，ある児童生徒はA，B，Cという文献を探索・収集し，別の児童生徒はD，E，Fという異なる文献を探索・収集する，という結果は望ましくない。同一のテーマに関する文献の探索・収集の結果は同じになることが基本である。なぜなら，同一のテーマに関する文献を探索する場合，同じ書誌・索引が選択されるべきであり，文献を検索する場合に選定される検索語も同じものとなる，というのが情報検索の基本となるからである。

　ただし，同一の文献が探索・収集された場合でも，いうまでもなく，レポートの内容までもが同じになることはない。なぜなら，レポートにおける論述にあたり，典拠とする文献の選択において，児童生徒により違いが生じるからである。また，典拠とする文献の内容に関する整理・加工や文献内容のどのような部分に着目するかも，児童生徒によって違いが出てくる。ゆえに，同一テーマであっても異なるレポートが作成されることになる。

　このように，表現力は情報探索・収集能力と情報整理・加工能力に大きく依存するがゆえに，表現力の育成にあたっては，こうした能力が十分に獲得されていることが前提となる。

　情報表現法指導において重要な事項は，レポート等の作成にあたって典拠とした文献を明記しなければならない，という著作権法に依拠した指導である。昨今，大学や研究機関におけるレポートや論文の作成における剽窃行為が重大な問題となっている。こうした基本的な情報倫理は初等中等教育の段階で学び，その重要性を児童生徒に認識させる必要がある。レポートの作成にあたり，典拠とした他者の意見や考え方を明示し，自らの意見との違いを明確にしたうえで論述するということを，初等中等教育の段階から指導することが強く求められている。レポート作成にあたり，典拠とした文献を明記する引用規則については，第8章で取り上げているので，参照されたい。

　情報表現法指導においては，情報倫理に関する指導も重要である。すなわち，

他者のプライバシーに関することを表現の対象としてはいけない，ということを指導する必要がある。昨今，表現の自由が種々の場面で問題となっているが，表現の自由は，他者のプライバシーや人権を侵害するような情報の作成・発表に関する自由までも保障するものではない，ということを児童生徒に十分に理解させることが肝要である。『図書館の自由に関する宣言』[11]においても，資料提供の自由を制限する場合がある事項として，「人権またはプライバシーを侵害するもの」があげられていることに留意する必要がある。すなわち，他者の人権やプライバシーを侵害する内容を含む著作物が発行され，図書館が収集し，所蔵している場合，利用者の知る自由を優先して無条件に提供することはしない，と定められている。

『ガイドライン』では，情報倫理とプライバシーの問題は情報リテラシーの最終段階にあたる情報表現法における指導内容となっている。しかし，表現の自由に関する情報倫理は，レポート課題の設定という探究的な学習の起点の段階においても扱われ指導すべき内容であることに留意する必要がある。すなわち，他者のプライバシーや人権を侵害することにつながるような課題や問題は選択しないことを指導しなければならない。

さて，指導の方法として，図書館が独自に実施するものは，情報機器等のツールの提供と場所の確保があげられている。これに加えて，引用規則や引用文献の記述例を示した資料を作成し配布することも図書館独自の指導方法として取り入れることができる。教科の授業においては，情報倫理に関する指導を徹底して行うことが肝要である。そのうえで，レポートの構成や論述の方法，出典の明示，引用文献の記述法等に関して指導する必要がある。

（6）情報リテラシーの指導方法

『ガイドライン』では，これまで見てきたように，情報リテラシーの指導方法について領域ごとに図書館独自のものと教科のなかで実施するものとに分けて記述されている。それとは別に，情報教育カリキュラムを設定し，図書館と

11：日本図書館協会「図書館の自由に関する宣言」http://www.jla.or.jp/ibrary/gudeline/tabid/232/Default.aspx，（参照2015-03-16）．

教科が協力して実施する統合型の方法も示されている[12]。このように3通りの方法が提示されているが，各領域の内容に即して優先的に選択される指導方法を以下，解説する。

　図5-3は各領域において採用されるべき指導方法の優先順位を示したものであるが，◎が第一位，○が第二位，△が第三位をあらわしている。情報リテラシーの育成はそれ自体が目的ではなく，主体的な学習能力の育成が最終目的である。情報リテラシーは主体的な学習能力の基礎となる能力であることに留意する必要がある。そこで，情報リテラシーを実際の学習に応用できる能力として育成することが肝要であり，教科の学習の場面で情報リテラシーが応用できることを最終目標とすべきである。その意味では，原則として教科の学習のなかで併せて情報リテラシーの育成を図ることが望ましい。しかしながら，情報リテラシーの内容は多岐にわたり，体系化されていることから，そのすべてを教科の学習のなかで扱うことは困難である。それゆえ，情報教育というカリキュラムを設定し，教科の学習課題をも取り入れながら，体系的に情報リテラシーの育成を図ることが最適な指導方法として推奨される。ただし，情報教育カリキュラムを独自に設定することができない場合には，次に優先すべき指導方法を採用することになる。すなわち，領域1は，主体的な学習や学び方の基本に関わることであることから，教科の授業のなかで実施することが望ましい。ただし，図書館の社会的意義や学習における図書館活用については，図書館に関する専門的知識も必要となることから，司書教諭との連携を図りながら指導

領域		領域1 印象づけ	領域2 サービス案内	領域3 情報探索法指導	領域4 情報整理法指導	領域5 情報表現法指導
指導方法	図書館独自	△	○	○	△	△
	教科の授業	○	△	△	○	○
	情報教育	◎	◎	◎	◎	◎

図5-3　情報リテラシーの指導方法

12：前掲書1，p.26-27．

することが望ましい。

　領域2と領域3は図書館と情報資源に関する専門的な事項が中心となることから，図書館独自に実施することが推奨される。同時に図書館と情報資源に関する学習成果が教科の学習に応用できるように，司書教諭には，教科担当教員との連携を図りながら，教科の学習のなかで図書館に関する学習成果を取り入れた学習指導を実施することが求められる。

　領域4と領域5は，情報の整理・加工，情報発信に関わる内容であり，いずれも特定主題の内容と密接に関わることから，その指導は教科での学習において行われることが望ましい。ただし，書誌事項の記述や引用文献の記述などは，図書館の専門的知識を必要とするので，その指導にあたっては，司書教諭が関与することが望ましい。

3．情報リテラシーと探究的な学習との関係

　『ガイドライン』および『体系表』によって示された情報リテラシーの領域と各段階は，図5-4に示したように，探究的な学習の過程にそったものであることがわかる。

　探究的な学習過程あるいは学習段階は，第3章で取り上げたとおり，「課題の設定・焦点化」「情報の探索・収集」「情報の整理・分析」「まとめ・発表」の順に進行する。第一段階である「課題の設定・焦点化」には，当該課題に関する基本的な情報を得るための情報の探索・収集が必要である。それゆえ，『ガイドライン』にある「領域2　サービス案内，領域3　情報探索法指導」，『体系表』では「Ⅱ　学習に役立つメディアの使い方，Ⅲ　情報の活用の仕方」で育成される情報の探索・収集に関する知識とスキルを備えていることが求められる。この情報の探索・収集に関する知識とスキルの育成にあたっては，『ガイドライン』にある「領域1　印象づけ」に関する指導が，『体系表』では「Ⅰ　学習と情報メディア」に関する指導がそれぞれ前提となることに注意する必要がある。

　探究的な学習過程の第二段階である「情報の探索・収集」は，『ガイドライ

探究的な学習過程	課題の設定と焦点化	情報の探索・収集	情報の整理・分析	まとめ・表現
『図書館利用教育ガイドライン』	領域1　印象づけ 領域2　サービス案内 領域3　情報探索法指導	領域3　情報探索法指導	領域4　情報整理法指導	領域5　情報表現法指導
『情報・メディアを活用する学び方の指導体系表』	Ⅰ　学習と情報メディア Ⅱ　学習に役立つメディアの使い方 Ⅲ　情報の活用の仕方	Ⅲ　情報の活用の仕方	Ⅲ　情報の活用の仕方	Ⅳ　学習結果のまとめ方

図5-4　情報リテラシーの領域と探究的な学習過程

ン』にある「領域3　情報探索法指導」,『体系表』では「Ⅲ　情報の活用の仕方」において育成される情報の探索・収集に関する知識とスキルを備えていることが求められる。

　探究的な学習過程の第三段階である「情報の整理・分析」は,『ガイドライン』にある「領域4　情報整理法指導」,『体系表』では「Ⅲ　情報の活用の仕方」において育成される情報の整理・分析に関する知識とスキルを備えていることが求められる。

　探究的な学習過程の第四段階である「まとめ・表現」は,『ガイドライン』にある「領域5　情報表現法指導」,『体系表』では「Ⅳ学習結果のまとめ方」において育成される情報の表現・発信に関する知識とスキルを備えていることが求められる。

　このように,情報リテラシーの構成要素は探究的な学習活動において必要な知識やスキルであることがわかる。探究的な学習は,みずから課題や問題を設定し,信頼性のある情報源から体系的に情報を収集し,得られた情報を利用することにより知識を獲得し,獲得された知識をもとに課題や問題を解決するというものである。こうした探究的な学習は特別な学習方式ということではなく,学習者が興味・関心に基づいて主体的に課題や問題に取り組むという基本的な

学習を指すものである。その意味で，情報リテラシーの指導は学習の方法に関する指導であり，『体系表』の標題に使用されている「学び方」の指導となるものである。

4．まとめ

　本章では，児童生徒が習得すべき情報リテラシーの内容と，司書教諭による情報リテラシーに関する指導の方法について取り上げた。この情報リテラシーの内容は探究的な学習を進めるうえで児童生徒が備えておくべき基礎的な知識とスキルであることを司書教諭は十分に理解のうえ，児童生徒によるその習得を支援する必要がある。

　以下の第6章から第8章にわたって，探究的な学習過程にそって児童生徒が習得すべき情報リテラシーの内容について具体的な学習課題を取り上げながら解説する。

第6章
情報リテラシーと探究的な学習-1

　本章では，情報リテラシーを獲得するうえで，基盤的な知識として必要となる図書館の情報資源について，探究的な学習過程と関係づけながら解説する。次いで，児童生徒が探究的な学習の第一段階である「問題の設定」に取り組む際に，司書教諭として児童生徒に指導すべき情報リテラシーの内容について，具体的な問題を設定しながら解説する。

１．探究的な学習における図書館の情報資源の利用

　ここでは，探究的な学習において利用される図書や雑誌記事を中心とする情報源について，探究的な学習過程と関係づけながら解説する。
　教師による学習指導においては，いうまでもなく図書館の情報資源は専ら児童生徒による利用・活用の側面に関心が向けられている。しかしながら，探究的な学習過程において適切な図書館の情報資源を選択し利用するためには，図書館の情報資源の生産過程について理解することが重要である。なぜなら，図書館の情報資源は利用を考慮して順次生産されているからである。換言すれば，図書館の情報資源の生産過程を知ることは，探究的な学習過程において適切な図書館の情報資源の選択につながることになる。
　探究的な学習過程において，選択・利用される図書館の情報資源の順序は，図書館の情報資源の生産の順序とは基本的に逆になる。図６-１は図書館の情報資源の生産過程と探究的な学習における図書館の情報資源の利用過程との関係を示したものである。

1．探究的な学習における図書館の情報資源の利用　｜　77

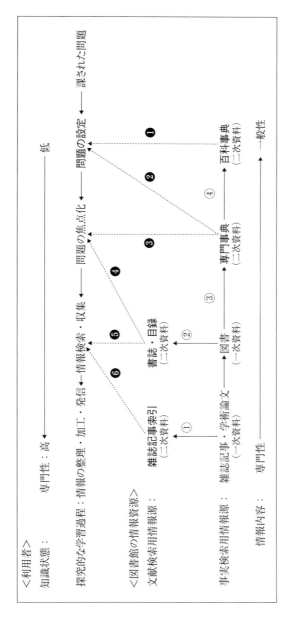

図6-1　探究的な学習過程と図書館の情報資源の生産・利用との関係

(1) 図書館の情報資源の生産過程

　探究的な学習過程の最初の段階では，探究すべき問題や課題の概要を把握することが必要となる。そのために選択・利用することが推奨される図書館の情報資源が百科事典や専門事典であるが，それらの事典類に記述されている知識は，調査・研究の成果を学術雑誌や専門誌に発表された論文や記事にまで遡ることができる。すなわち，特定の主題分野における知識の生産は，学術雑誌や専門誌への論文・記事をもって始まることになる。専門分野の学術雑誌や専門誌に掲載される記事や論文は，当該専門分野の専門家による審査（査読）によって，信頼できる研究成果が提示されているとの評価を受けたものである。それゆえ，雑誌記事や論文の内容は基本的に信頼できる知識を得るための情報源として位置づけられる。百科事典や専門事典や一般図書などからなる図書館の情報資源が信頼できる情報源として位置づけられるのは，図書館の情報資源の起点にある記事や論文の有する信頼性に基づいているのである。

　インターネット上の情報源を含む多様な情報源のなかから信頼できる情報源を主体的に識別・判断し，選択・利用できる能力を獲得していることが，探究的な学習や課題解決型の学習の前提条件となる。情報源の信頼性評価を含む図書館の情報資源に関する事前学習が必要な理由はまさにこの点にある。

　さて，記事や論文が生産され蓄積されると，それらの論文や記事を検索するための情報源である「雑誌記事索引」が生産される（図6-1の矢印①）。雑誌記事索引には，多数の論文や記事の書誌データが記述されており，冊子体（印刷メディア）であれば，著者や標題（標題中の語句），あるいは主題を表すキーワード（件名等）の五十音順に排列されている。この雑誌記事索引がデータベースとして提供されていれば，著者，標題中のキーワード，その他の手がかり（件名，出版者，出版年など）を用いて必要な記事や論文を検索することができる。

　記事や論文は，当該主題分野におけるオリジナルな研究成果が公表される情報源であることから「一次資料」という。それに対して，雑誌記事索引は，記事や論文という一次資料を対象にその書誌データを掲載していることから「二次資料」という。

記事や論文が生産され蓄積されると，それらの記事や論文をもとに，当該分野における特定主題に関する専門知識を体系的にまとめた「図書」が刊行されることになる。図書，とりわけ専門図書や学術図書は，既存の記事や論文を単に紹介するのではなく，一定の枠組みを設定し，その枠組みのもとで記事や論文の内容を体系化しているという点で，オリジナルな内容を備えた情報源といえる。ゆえに，これらの通読利用を前提とした専門図書や学術図書も，記事や論文と同様，「一次資料」という扱いになる。

こうした一次資料としての図書が多数生産されると，それらの図書を検索するための情報源である「書誌」「目録」という二次資料が生産される（図6-1の矢印②）。「書誌」には多数の図書の書誌データが記述されており，「書誌」を用いて，著者，書名，件名という手がかりによって求める図書を検索することができる。書誌がデータベース化されている場合には，出版者や出版年等の書誌的事項からの検索も可能となる。

それに対して「目録」は，図書館の蔵書を対象に，その書誌データと所蔵情報が記録されているものである。この目録には，一つの図書館の蔵書を対象にした「蔵書目録」と複数の図書館の蔵書を対象にした「総合目録」とがある。

以上の「雑誌記事索引」「書誌」「目録」は，いずれも一次資料としての記事・論文，図書・雑誌という文献を検索するための情報源である。

さて，ある特定分野において一次資料としての図書が生産・蓄積されると，その内容を圧縮・加工し，当該分野において共有される専門知識を収録し，索引，見出し項目等の検索語を設定し，必要な専門知識を検索できるようにした「専門事典」が刊行される（図6-1の中の矢印③）。この「専門事典」は一次資料をもとにその内容を圧縮・加工している点において，基本的に二次資料として位置づけることができる。

専門事典は専門分野ごとに生産されるが，学問の全分野を対象に，各分野の専門事典に収録されている知識のなかで，より一般性のある知識，すなわち専門分野以外の人々にも広く利用されるような知識を収録し，索引，見出し項目等の検索機能を組み入れ，必要な知識を検索できるようにした「百科事典」が刊行される（図6-1の中の矢印④）。この「百科事典」も，専門事典と同様，

各見出し項目のもとにある解説文の最後に，「出典」や「参考文献」として一次資料が明記されていることからわかるように，一次資料をもとにその解説内容が作成されている点で，二次資料として位置づけられる。

これらの「専門事典」や「百科事典」は特定の事実を検索するために利用されることから「事実検索用情報源」と呼ばれる。一次資料についても，「事実検索用情報源」として捉えることができる。というのは，百科事典や専門事典の解説を参照し，より詳細な事実・データを得ようとするならば，出典に示された一次資料を利用することになるからである。

以上の二次資料は，原則として通読利用されるのではなく，参照（reference）利用されるものであることから，「レファレンス資料」と総称される。

以上見てきたように，最初に生産される学術論文・記事から始まり，百科事典に至る図書館の情報資源の生産過程の推移は，情報内容（コンテンツ）の専門性において高い段階から低い段階，あるいは専門性から一般性への推移として捉えることができる。この情報内容の専門性の推移が次に述べる探究的な学習過程における図書館の情報資源の選択に関係することになる。

（2）探究的な学習過程と図書館の情報資源の利用

探究的な学習過程の第一段階である「問題の設定」では，図書館の情報資源の最終段階で生産された百科事典と専門事典の利用が有効となる（図6-1の矢印の❶と❷）。というのも，問題の設定においては，問題の概要や問題に関する基本的な事項を把握する必要があるからである。百科事典や専門事典はこうした情報要求を満たす情報源として機能するものである。

次の段階である「問題の焦点化」では，専門事典に加えて，当該問題が関わる分野について平易に解説した図書の利用が有効となる（図6-1の矢印の❸と❹）。当該分野に関する一次資料としての図書の検索のためには，「書誌・目録」という二次資料の利用が必要となる。それゆえ，児童生徒にはこうした書誌・目録の機能と検索法について指導する必要がある。

問題が焦点化されたならば，その焦点化された問題について本格的な情報探索が必要となる。ここでの情報探索は専門図書や雑誌記事という文献探索が中

心となる。この文献探索のためには，図書検索用の「書誌・目録」の利用（図6-1の矢印の❹）に加えて，雑誌記事検索用の「雑誌記事索引」の利用が必要となる（図6-1の矢印の❺と❻）。それゆえ，児童生徒には雑誌記事索引の機能と検索法について指導する必要がある。

このように，探究的な学習過程における図書館の情報資源の利用は，情報資源の専門性が低い（一般性がある）ものから順次，専門性が高いものへと推移することになる。利用者の知識状態は，探究的な学習過程の進行にともなう情報利用の結果，専門性の低い状態から高い状態へと推移することになる。

2．問題の設定

（1）自己生成問題

探究的な学習の過程は問題の設定から開始される。ここでいう問題とは，授業において教師から児童生徒に課される問題であり，第4章で取り上げた「課された問題（imposed problem）」に該当するものである。探究的な学習において重要なことは，この教師から課された問題を，児童生徒が自ら生成した問題（self-generated problem）として取り組むことである。第4章で取り上げた，学習指導の事例において，児童生徒の課題意識の醸成をねらいとする「0次段階」の導入も，この課された問題から自己生成問題への変換を促進するものといえる。

さて，探究的な学習過程においては，教師から課された問題を自己生成問題へと変換するという段階から，情報の探索・収集が必要となる。一般に情報の探索・収集は，問題を焦点化し，明確にした後の段階でとられる行動として位置づけられている。問題解決と情報探索行動との関係を示したクルトー（Carol Colier Kuhlthau）の情報探索プロセスモデル（図6-2）においても，「情報の収集」は「問題の焦点の形成」の次の段階として位置づけられている[1]。

しかし，ここで注意すべきことは，クルトーのモデルにおける＜行動＞の欄の記述が示すように，「情報探索」は「課題の受理」の後の「テーマの選択」の段階から開始されることになる。というのも，教師から課された問題につい

段階	課題の受理	テーマの選択	焦点の検討	焦点の形成	情報の収集	発表の準備
感情	不確定	楽観	混乱 欲求不満 疑念	明快 自信	方向性の 認識	安心感 満足感 不満足感
思考		曖昧 ────────────────→ 特定化 ────────────────→ 興味の増進				
行動	適合情報の探索 ──────────────→ 適切な情報の探索					

図6-2 クルトーの情報探索プロセスモデル
(出典:Kuhlthau, C. *Teaching the Library Research Process*, The Scarecrow Press, 1994, p.25.)

て,具体的なテーマを選択し,自己生成問題を設定するためには,その問題に関する基本的な知識が必要であり,そのための情報探索が求められるからである。たとえば,教師から課された問題が「公害に関する問題」であったとしよう。この問題に取り組むには,「公害」に関する基本的な知識を得ることがまずもって必要となる。そのために,「百科事典」「専門事典」などの事実検索用情報源を選択し,当該問題に関する情報を探索し,公害に関する基本的な知識と公害をめぐってどのようなテーマが存在するのか,について把握する必要がある(図6-1の矢印❶)。なお,「百科事典」の利用の詳細については,本章の2の(3)で述べる。

このように,教師から課された問題に関する基本的な情報を探索し,その問題の概要を把握することにより,児童生徒は主体的に取り組む自己生成問題を設定することが可能となる。

(2) 概念地図としての件名標目の活用

問題の概要を把握する方法として,問題を構成する概念と関わりのある概念を把握する方法がある。この概念間の関係を把握するための情報源として有用なものが「件名標目表」である。ここで,件名標目とは図書等の情報源が扱っ

---

1 : Kuhlthau, C. *Teaching the library research process*, The Scarecrow Press, 1994, p.25.

ている主題概念を表している統制語をいう。「統制」という用語が使用されるのは，特定の主題概念を表している語が複数ある場合，そのうちから一つの語を優先的に使用するように統制しているからである。たとえば，「不登校」という主題概念を表す語には，「不登校」と「登校拒否」という語が考えられる。このうち「不登校」という語を優先させ件名標目とした場合，「登校拒否」は「不登校」の参照語として処理される。「不登校」と「登校拒否」のどちらの語を優先させ件名標目とするかは，件名標目をリストした「件名標目表」を編集・管理する機関（たとえば，全国学校図書館協議会や国立国会図書館）によって決定される。全国学校図書館協議会では『小学校件名標目表』と『中学校・高等学校件名標目表』を，国立国会図書館では『国立国会図書館件名標目表（NDLSH：National Diet Library Subject Headings）』をそれぞれ編集・管理している。

　この件名標目は，取り組むべき問題を構成する主題概念とそれに関係の深い主題概念を把握するうえで有用であるとともに，次節で述べる問題を焦点化するうえでも重要な手がかりとなるものである。ここでは，教師から課された問題について，自ら取り組むべき問題を決定するうえで，件名標目をどのように活用するかを見ていきたい。

　具体的な事例として，「公害」という主題概念に関する件名標目の例を取り上げる。次の図6-3は『小学校件名標目表　第2版』（全国学校図書館協議会）に掲載されている「公害」と「水質汚染」という件名標目の該当部分を示したものである。

　件名標目は読みの五十音順に排列されている。まず，読みのカタカナ表記（頭文字5字まで）に続いて，件名標目が示されている。件名標目の後に付与されている数字は『日本十進分類法（NDC：Nippon Decimal Classification）』の分類記号である。件名標目が表す概念間の相互関係を示した参照があることも，件名標目表の重要な機能である。この参照を「連結参照」（をも見よ参照）という。上記の例では，「公害」という件名標目が表す概念に対して下位の概念や上位・下位の関係ではないが相互に密接な関係のある概念を表している件名標目が「⇨」という記号の後に示されている。「悪臭」以下の件名標目がそ

```
コウガイ    公害    517              ⇦ 環境
            ⇨ 悪臭. 公害病. 地盤沈下. 振動. 水質汚染.
              騒音. 大気汚染. 土壌汚染
スイシツオ  水質汚染  519.4          ← 水の汚染
            ⇨ イタイイタイ病. 海洋汚染.    ⇦ 環境問題. 公害
              新潟水俣病. 水俣病
```

図6-3 『小学校件名標目表』における件名標目「公害」と「水質汚染」
(出典：全国学校図書館協議会件名標目表委員会編『小学校件名標目表』第2版，全国学校図書館協議会，2004，p.66.)

れである。また，当該件名標目にはどのような件名標目から参照されているか（「をも見よ参照あり」）は，「⇦」という記号の後に示さている。上記の例では，「環境」という件名標目のもとで，「公害」への参照指示が出ていることがわかる。

　件名標目表のもう一つの重要な機能は，先述したとおり，同一概念を表す複数の異なる語句がある場合，そのなかから一つを選択し，件名標目として定めていることである。すなわち，件名標目として採用しなかった語句（参照語）から，件名標目を導くための参照であり，これを「直接参照」（を見よ参照）という。参照語と件名標目は「←」で結ばれている。上記の例では，「水の汚染」という参照語から「水質汚染」という件名標目に直接参照が指示されている。

　以上，例示した『小学校件名標目表』に収録されている件名標目の収集にあたっては，学習との関係が配慮されており，学習活動における件名標目の位置づけに関する重要な指摘が見られるので，少し長くなるが以下に紹介する[2]。

　　　件名の収集の際しては，小学校における学習活動を中心に，児童が関心，興味，生活上の必要などから資料を検索することを念頭に置いた。最近では，学習指導要領の枠を超えた学習が行われたり，「総合的な学習の時間」

2：全国学校図書館協議会件名標目表委員会編『小学校件名標目表』第2版，全国学校図書館協議会，2004，p.8.

のように各学校で異なる学習が展開されるなど，学習内容に変化が出てきている。それらにもできるだけ対応することを心がけ，件名収集の範囲の拡大にも配慮した。

　したがって，学習指導要領及びその指導書，複数の教科書，百科事典，各種辞書・事典，図鑑類，出版目録などである。また，児童図書の出版傾向，社会の動向などにも配慮した。

このように，児童生徒の多様な興味・関心に対応した学習に利用できる図書の検索を可能にする手がかりとなるように件名が選択・収集されていることがわかる。さらに，探究的な学習を志向する総合学習での利用も視野に入れている点が注目される。こうした件名標目表を通して，子どもたちは，教師から課された問題については，どのようなテーマがあるのかを，キーワードを手がかりに知ることができるようになる。

次に，教師から課された問題について，より体系的な理解に役立ち，自ら取り組むべき問題を選択するうえで多様な手がかりを与えてくれる『国立国会図書館件名標目表』（以下，NDLSH）を取り上げる。

同じ「公害」という概念について見ていくと，図6-4に示したように，「公害」という件名標目が採用されていることがわかる。「公害」という件名標目のもとを見ていくと，その同義語，上位語（上位概念を表す件名標目），下位語（下位概念を表す件名標目），関連語（関連する概念を表す件名標目）が示されている。上位語としては「環境問題」があげられている。上位語は，「公害」という主題概念がどのような領域に含まれる概念かを示すものである。このことから，児童生徒は，「公害」とは「環境問題」というより広い概念のもとで扱われる概念であることを知ることができる。

一方，下位語は「公害」という概念のなかに含まれる概念を表すものである。よって，「公害」には，「薬害」や「水質汚濁」「大気汚染」などがあることがわかる。また，関連語は「公害」という概念の意味範囲を一部共有するような概念を表す件名標目である。よって，「公害」というテーマを扱う場合には，「公害防止産業」「公害病」などのテーマの選択も考えられることがわかる。

標目	公害
同義語	Pollution；産業公害
上位語	環境問題
下位語	薬害；道路公害；光害；煙害；鉱害；土壌汚染；水質汚濁；大気汚染；地盤沈下；振動；騒音
関連語	公害防止産業；公害病；公害教育；汚染；公害行政；産業災害；公害訴訟；公害防止機器；公害防止条例；公害測定

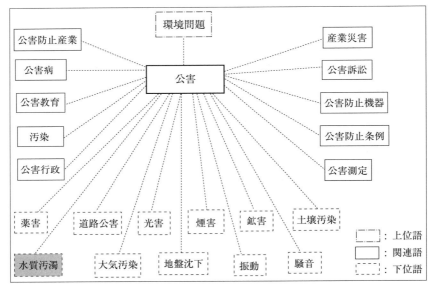

図6-4　国立国会図書館件名標目表に見る「公害」に関する概念地図

(出典："Web NDL Authorities"（国立国会図書館）における NDLSH「公害」の詳細情報とグラフィカル表示に基づき作成)

　国立国会図書館では，こうした概念間の関係をグラフィカル表示している。図6-4には，上記の件名標目とともに，そのグラフィカル表示をもとに「公害」に関する概念地図が示されている。「公害」という概念を表す件名標目を中心に上位概念を上部に，下位概念を下部，関連概念を水平方向に配置している。こうした概念地図によって，「公害」というテーマをめぐって多様なテー

マが存在することを視覚的に把握することができる。さらに，概念地図として示された件名標目を使って検索すれば，ただちに当該概念に関する図書にどのようなものがあるかを知ることができ，当該概念で表される課題やテーマに関する一次資料としての図書の探索・収集が可能となる。

(3) 百科事典の利用

　上述のとおり，件名標目は通読利用を前提とする一次資料としての図書を検索する手がかりとなるものである。そこで，問題の概要を把握するために利用した件名標目を使って，今度は一次資料としての図書を検索し，得られた図書を利用して問題のより詳細な内容の把握につなげることもできる。ただし，一次資料としての図書を通読利用して問題の概要を把握するには一定の時間と労力を要するので，まずは，一次資料としての図書の内容を圧縮・加工して作成されている「百科事典」や「専門事典」を参照し，課された問題の概要を把握することが望ましい。

　百科事典や専門事典から求める情報を検索するには，「索引項目」を選定し，次いで「見出し項目」を確定するという手順をとる必要がある。ここでも，先に取り上げた概念地図としての件名標目は，百科事典や専門事典の検索に使用する索引項目の選定の際に活用することができる。

　次に索引項目の例を以下に示す。図6-5は『日本大百科全書　第25巻索引』（小学館）に掲載されている「大賀ハス」という索引項目の部分を示したものである。

　「大賀ハス」から「→」が出ているが，これは「大賀ハス」は「大賀一郎」「検見川」「ハス」という〈見出し項目〉のもとを〈参照せよ〉ということを表している。各見出し項目の後の数字と記号は，当該見出し項目が掲載されてい

```
大賀ハス　→大賀一郎③876D　→検見川⑧257D
　　　　　→ハス⑱721A
```

図6-5　『日本大百科全書』における索引語「大賀ハス」
（出典：『日本大百科全書　第25巻索引』小学館，1994, p.126.）

る巻号・ページ・段を示している。たとえば,「大賀一郎」という見出し項目は第3巻のp.876の第4段に掲載されていることを示している。ここで注意すべきことは,「大賀ハス」は見出し項目とはなっておらず,上記三つの見出し項目のもとの解説の中に「大賀ハス」の説明が含まれている,ということである。したがって,索引を利用することなく,見出し項目から第3巻を直接検索した場合,「大賀ハス」に関する情報は得られないことになる。ちなみに,『日本大百科全書　第2版』における索引項目数は約50万であるのに対して,見出し項目数は約13万であり,約37万項目については,索引のみから検索可能となっている。このように,事典から必要な情報を検索するには,索引の使用が不可欠であることがわかる。

　以下の図6-6は『総合百科事典　ポプラディア 11 索引』(ポプラ社)のなかの「公害」の前後の部分を示したものである。

　『総合百科事典　ポプラディア』の索引は,上記のとおり,太字となっているものが見出し項目であり,ゆえに,「公害」は見出し項目であることがわかる。その見出し項目の後には,その見出し項目が掲載されている巻数とページが記載されている。「公害」については,第4巻のp.14に「公害」の見出し項目のもとに解説があることを示している。また,「公害対策基本法〔こうがいたいさくきほんほう〕」という見出し項目への「をも見よ」参照が示されていることがわかる。なお,「黄海〔こうかい〕→ 黄海〔ホワンハイ〕」は,「ホワンハイ」という読みを採用しており,その読みのもとを指示する「を見よ」参照が出ている。また,「口蓋〔こうがい〕→ 口〔くち〕」は,「口蓋〔こうがい〕」は見出し項目ではなく,「口〔くち〕」が見出し項目であることを示した

```
黄海〔こうかい〕　→黄海〔ホワンハイ〕
公害〔こうがい〕　………………　④14
　→公害対策基本法〔こうがいたいさくきほんほう〕
口蓋〔こうがい〕　→口〔くち〕
```

図6-6 『総合百科事典　ポプラディア』における索引語「公害」
(出典:『総合百科事典　ポプラディア 11 索引』ポプラ社,2002, p.108.)

> 公害
>   工場の生産活動や乗り物など，私たち人間の活動の結果が，人々の健康や動植物の生存に悪い影響をあたえることを公害という。
>   ［中略］
>   公害の種類は1967（昭和42）年の公害対策基本法に示された7つがあり，典型7公害という。

図6-7　『総合百科事典　ポプラディア』における「公害」に関する解説
（出典：『総合百科事典　ポプラディア　4』ポプラ社，2002，p.14-15.）

「を見よ」参照が出ている。

　そこで，『総合百科事典　ポプラディア　4』（ポプラ社）の「公害」という見出し項目のもとを参照すると，2ページわたって「公害」に関する解説がなされている。上記の図6-7は，その冒頭の部分を示したものである。

　この記述に続いて，典型7公害について，「大気汚染」「水質汚染」「土壌汚染」「騒音」「振動」「地盤沈下」「悪臭」が列挙されており，いずれも見出し項目となっていることがわかる。各見出し項目を参照すれば，各公害について詳細な解説文が得られる。

　これらの記述に続いて，「公害の歴史」「新しい公害」「世界の公害」「今後の対策にむけて」という見出しのもとに，詳細な説明がなされており，公害に関する基本的な知識を得ることにより，取り組むべき問題の設定の参考とすることができる。

　なお上記の7公害の項目については，いずれもNDLSHの件名標目となっているので，各公害についてさらに詳しく知りたい場合には，当該件名標目を使って一次資料としての図書の検索が可能である。

3．まとめ

　本章では，探究的な学習や課題解決型の学習のために必要な図書館の情報資源の生産と利用との関係について解説した。探究的な学習や課題解決型の学習過程において，児童生徒が的確な情報資源を選択できるように，司書教諭は図

書館の情報資源の特性について，その生産過程と関係づけながら，児童生徒が理解できるように指導することが求められる。

　また，問題の設定においては，件名標目に示された概念間の関係を参考に，問題を特定化し，あるいは関連する問題領域を把握できるように，司書教諭は児童生徒を指導する必要がある。その際には，『小学校件名標目表』において採用されている件名標目とNDLSHが対応していることから，問題の設定と特定化にあたって，司書教諭は，文献検索の手がかりとして直ちに利用可能なNDLSHを児童生徒が活用できるように指導することが求められる。

第7章
情報リテラシーと探究的な学習-2

　本章では，児童生徒が探究的な学習の第二段階である「問題の焦点化」と第三段階である「情報の探索・収集」に取り組む際に，司書教諭として児童生徒に指導すべき情報リテラシーの内容について，具体的な問題を設定しながら解説する。すなわち，問題を焦点化する際の「件名標目」の利用法について取り上げ，次いで情報の探索と収集法について解説する。

　情報の探索と収集法に関する情報リテラシーについては，書誌・索引等の検索ツールの利用，『日本十進分類法（NDC：Nippon Decimal Classification）』（以下，NDC）を利用した書架探索法について取り上げる。NDCを利用した情報資源組織法については本シリーズの「学校図書館メディアの構成」で扱われるが，本章では書架探索のツールとしてのNDCの活用について解説する。さらに，検索エンジンを使ったインターネット情報源の探索と収集について取り上げ，インターネット情報源の信頼性の評価における留意点について指摘する。

1．問題の焦点化と件名標目の利用

　第6章で取り上げたように，概念地図としての件名標目や百科事典等の情報源を利用して，問題の概要を把握し取り組むべき問題を設定できたならば，次に問題の焦点を絞り込む段階に進むことになる。

　問題の焦点化のためには，その問題に関する専門的な情報の探索が求められるが，ここでも概念地図としての件名標目が重要な手がかりを与えてくれる。

再び,「公害」という問題を取り上げると,その焦点化とは「公害」という問題をより限定し,特定化することを意味する。この特定化された問題を表す概念は「公害」という概念の下位概念になる。前章の図6-4の「公害」に関する件名標目表と概念地図を見ると,下位概念は「薬害」以下,11概念が存在することがわかる。ここでは,その下位概念のひとつである「水質汚濁」を取り上げてみよう。

この「水質汚濁」という問題を選択することが「公害」という問題の焦点化の第一段階となる。この問題に関する専門的な情報を得るために,一次資料としての図書が必要であれば,「水質汚濁」という件名標目によって直ちに当該図書の検索が可能である。この「水質汚濁」という概念を表す『国立国会図書館件名標目表（NDLSH：National Diet Library Subject Headings）』（以下,NDLSH）に示されている件名標目と概念地図を示したのが,図7-1である。

まず,「水質汚濁」に関連する概念として「富栄養化」や「工業廃水」という概念が存在することがわかる。これらの問題を選択することも考えられるが,「水質汚濁」という概念に含まれる下位概念を見ると,「海洋汚染」や「地下水汚染」という概念が該当することがわかる。ゆえに,「水質汚濁」という問題をさらに「海洋汚染」というテーマに焦点化することが可能であることがわかる。

さらに,図7-2に示したように,この「海洋汚染」という件名標目を参照すると,まず関連する概念として,「海洋廃棄物」や「石油汚染」などがあることがわかり,これらを取り組むべき問題として選択することも考えられる。

なお,「海洋汚染」には「赤潮」という下位概念があることもわかる。以上から,「公害」からこの「赤潮」に至る概念の特定化は次のようになる。

　　　公害　＞　水質汚濁　＞　海洋汚染　＞　赤潮

「赤潮」という問題を選択したならば,「公害」という問題の焦点化の深度が最も深いところの問題となり,十分に焦点化された問題の選択につながることになる。問題の焦点化におけるこのような件名標目の活用の意義は,ただちに,

1. 問題の焦点化と件名標目の利用 | 93

標目	水質汚濁
同義語	水質汚染；水汚濁；Water--Pollution
上位語	汚染；公害
下位語	海洋汚染；地下水汚染；底質悪化；河川汚濁
関連語	富栄養化；水質汚濁防止法；水質管理；工業廃水

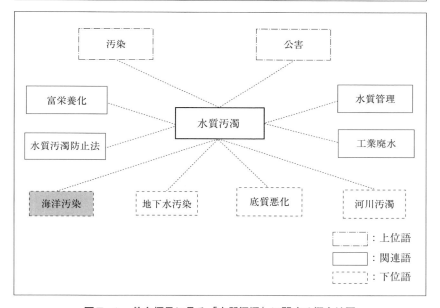

図7-1　件名標目に見る「水質汚濁」に関する概念地図
(出典："Web NDL Authorities"（国立国会図書館）におけるNDLSH「水質汚濁」の詳細情報とグラフィカル表示に基づいて作成)

そのテーマに関する専門図書の検索が可能であり，信頼性の高い情報の収集につながる，という点にある。その信頼性とは，図書という情報源が当該主題に関する専門知識を有した専門家を著者とする情報源であることに依拠していることは既に指摘したとおりである。

標目	海洋汚染
同義語	Marine pollution
上位語	水質汚濁；海洋災害
下位語	赤潮
関連語	海洋廃棄物；貧酸素水塊；石油汚染；油槽船事故

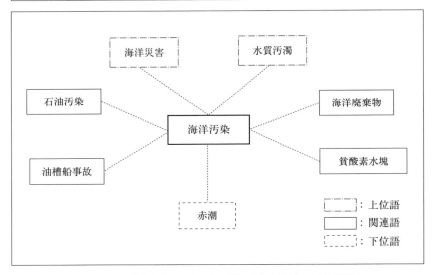

図7-2　件名標目に見る「海洋汚染」に関する概念地図
(出典："Web NDL Authorities"（国立国会図書館）における NDLSH「海洋汚染」の詳細情報とグラフィカル表示に基づいて作成)

2．情報の探索と収集

　問題を焦点化できたならば，その焦点化された問題について，主に一次資料としての図書を対象とした本格的な情報の探索と収集の段階に進むことになる。再び「公害」という問題を取り上げる。概念地図としての件名標目や事典の解説を参考にした結果，「公害」という問題のなかで「海洋汚染」という問題に焦点をあてたとしよう。

特定主題に関する図書の探索には，書架上で求める図書を探索する方法（書架探索）と件名標目を使って図書を探索する方法（件名による主題探索）がある。以下，この二つの探索法について取り上げる。

（1）書架探索

　図書館の蔵書のなかから特定のテーマに関する図書を検索する方法には，件名標目を使って蔵書目録を検索する方法と，書架にアクセスし，書架に排架されている図書を直接探す「書架探索」という方法がある。蔵書規模の大きい図書館であれば，蔵書目録の検索が優先されるが，図書館の規模の大小にかかわらず，開架の図書を探索する方法は図書の探索において最も基本的なものである。

　この書架探索のためにはあらかじめ，次のような三つの知識を備えていることが必要である。

　第一に，書架における図書の位置（排架場所）は，図書の背の下部に貼付されているラベルに印字されている「請求記号」によって定められており，図書はこの請求記号の順番に書架に排架されていること。

　第二に，この請求記号は分類記号を使って作成されており，分類記号に加えて通常著者記号や著作記号も使用されていること。

　第三に，主題を表している分類記号をリストしたNDCによって，同一主題に関する図書は同一の分類記号が付与されていること。以上の3点である。

　このNDCは，図7-3に示したとおり，主題概念を0から9の記号を使って階層的に表現した分類記号によって構成されている。すなわち，知識の全領域を0から9までに十区分して，一次区分（類）としている。その一次区分を十区分し，二次区分（綱）とし，その二次区分を十区分し，三次区分（目）としている。さらにその三次区分を十区分し，以下，順次，十区分を繰り返すことによって生成される分類記号がリストされた細目表がNDCには掲載されている。図7-3は，5類の「技術・工業」を順次，十区分してできあがった細目表中の四次区分までを示したものである。「海洋汚染」という概念については「519.4」という分類記号で表されることがわかる。

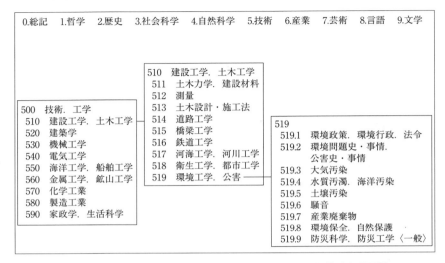

図7-3 「日本十進分類法（新訂10版）」における分類体系と階層性

　ゆえに，「海洋汚染」に関する図書には「519.4」という分類記号が付与され，その図書はこの分類記号をもとに定められた請求記号によって排架されることになる。したがって，「海洋汚染」に関する図書を書架上で探す場合には，請求記号に「519.4」という分類記号が付与されている図書を探せばよいことになる。なお，図書を書架に排架するための分類記号（書架分類記号）として，第四次区分を採用している学校図書館はごく少数にとどまる。多くの学校図書館では，第三次区分の519のもとに，519.1から519.9の主題をもつ図書が区別なく排架されている。

（2）書誌・索引・目録の利用

　主題やテーマからの図書を検索するには，「書誌・索引・目録」という二次資料を使用する必要がある。このうち，「書誌・索引」とは，ある基準に合致する図書や雑誌記事・論文を選択し，その図書や雑誌記事・論文の書誌的事項をリストし，書名，著者，主題などの手がかりを使って検索を可能にしている情報源をいう。これまで取り上げてきた「件名標目」は，この書誌・索引を使って主題やテーマから図書や雑誌記事・論文を検索するための手がかりとなる

ものである。

　主題やテーマから図書を探すには、書架探索以外に、書誌・索引や目録という文献検索用情報源を使った探索法がある。この文献検索用情報源による主題探索では、求める図書の主題を「件名標目」という統制語、あるいは書名中に出現するキーワードという自由語を使って表現し、それを検索語として検索を実行することになる。

　一方、目録は「蔵書目録」と「総合目録」に分けられる。まず、「蔵書目録」であるが、これは一つの図書館に所蔵されている図書の書誌的事項と所在情報（請求記号）が蓄積され、書誌・索引と同様に、書名や著者、件名などの手がかりを使って所蔵図書の検索を可能にした情報源である。それに対して、総合目録は複数の図書館の蔵書目録を統合したものである。

　それでは、書誌・索引および目録による図書検索の実際について見ていきたい。この検索は第6章で示した図6-1の❺の部分に該当するものである。

　書誌・索引・目録による情報探索法については、わが国の代表的な書誌・索引・目録であり、児童書の検索も可能な「国立国会図書館サーチ」を使って解説する。この「国立国会図書館サーチ」は、国立国会図書館をはじめ、全国の公共図書館、公文書館、美術館や学術研究機関等が持つ豊富な「知」を活用するためのアクセスポイントを目指したものである[1]。その機能概要によれば、国立国会図書館をはじめ、国内の各機関から収集した、8000万件以上の文献情報が検索可能であり、横断検索[2]を含め、およそ100のデータベースと連携しているシステムとなっている（2014年12月28日現在）[3]。

　図7-4は、この「国立国会図書館サーチ」を使って、特定の主題を扱っている図書を検索し、求める図書の書誌的事項を同定・識別するまでの過程・手順を示したものである。ここでは、これまで取り上げてきた「公害」という問題について焦点化した「海洋汚染」という主題を選択したものとする。

1：国立国会図書館「国立国会図書館サーチ」http://iss.ndl.go.jp/,（参照2014-12-28）.
2：「横断検索」とは、複数のデータベースを自動的に順次検索する方式をいう。
3：国立国会図書館「国立国会図書館サーチ，機能概要」http://iss.ndl.go.jp/information/function/,（参照2014-12-28）.

98 | 第7章　情報リテラシーと探究的な学習-2

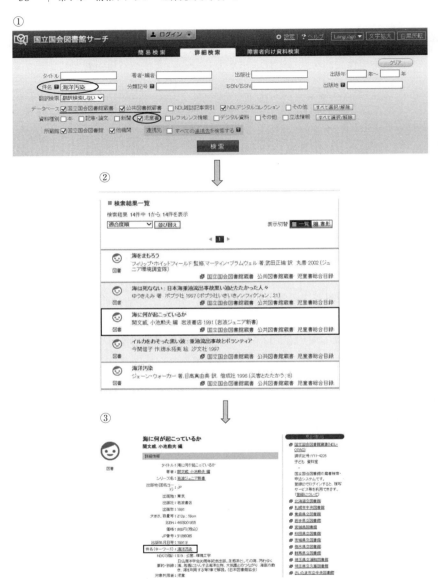

図7-4　国立国会図書館サーチによる児童書検索の実際
(出典：国立国会図書館「国立国会図書館サーチ」http://iss.ndl.go.jp，(参照2014-12-28).)

2．情報の探索と収集 | 99

　以下，情報検索のプロセスに対応させながら解説していきたい。図7-5（p.100参照）に示したとおり，情報検索のプロセスは，情報要求の明確化から始まり，求める文献の書誌的事項の同定・識別に至る6段階からなる。その起点が焦点化された問題の解決に必要な情報（図書・雑誌記事・論文）への要求である。この情報要求を文献検索可能な質問として定式化できる段階にまで明確化することが求められる。具体的な例として，ここでは，児童生徒が教師から提示された「公害」という問題を焦点化し，「海洋汚染」をテーマとする問題を取り上げ，そのテーマに関する・レ・ポ・ー・ト・を・作・成・する，という問題に取り組むものとする。

　そこで，情報要求は「レポート作成のために利用可能な海洋汚染に関する図書が欲しい」と仮定する（図7-5の段階Ⅰ）。この情報要求から「海洋汚染に関する図書の書誌的事項について知りたい」という具体的な質問が定式化されなければならない（図7-5の段階Ⅱ）。

　この定式化された質問について回答を得るために構築されるのが「検索戦略」である（図7-5の段階Ⅲ）。検索戦略は四つの段階を経て構築される。その第一が「質問の分析」である。この質問の分析は，質問を主題と要求事項に分けて把握する作業を指す。上記の例でいえば，質問の主題は「海洋汚染」であり，要求事項は「図書の書誌的事項」となる。この質問分析をもとに，回答を得るために利用する情報源の選択に移行する。すなわち，特定主題に関する図書の書誌的事項が得られる情報源は「書誌・索引」という類型の情報源となる。そこで，この「書誌・索引」という類型の情報源のなかで，海洋汚染という技術・工学分野を扱っている具体的な情報源を選択する。これらの条件を満たす具体的な「書誌・索引」としては「国立国会図書館サーチ」を選択する。

　情報源が選択できたならば，次に回答を検索するための手がかりとする検索語を選定する。検索語の選定は，選択した情報源で利用可能な検索語に変換する作業を指す。ここでは，質問の主題が「海洋汚染」であるから，「海洋汚染」という概念を表す件名標目が検索語として使用できるかどうかを検討する。選択した「国立国会図書館サーチ」では，NDLSHを使って図書の主題が表現され，使用可能な検索語として設定されている。よって，「海洋汚染」という概

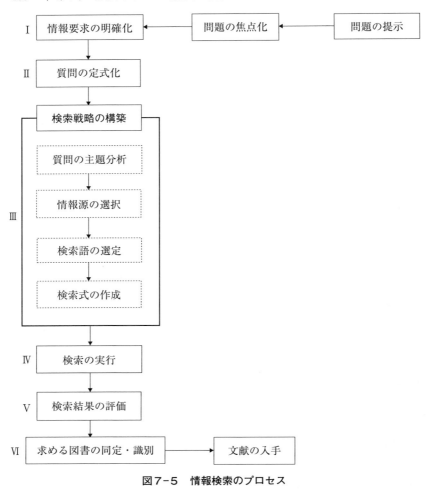

図7-5　情報検索のプロセス

念について NDLSH を参照すると，図7-2に示したとおり，「海洋汚染」という件名標目があるので，「海洋汚染」という件名標目を選定すればよいことがわかる。

そこで，次に検索式の作成に移る。検索項目として「件名」を選択し，「海洋汚染」という件名標目を入力し，検索式とする。さらに，「国立国会図書館

サーチ」では，「資料種別」という項目が用意されており，「児童書」という項目が用意されているので，この「児童書」を選択する。

　さらに，「国立国会図書館サーチ」は，検索対象とする図書館の蔵書目録を指定することが可能な機能を兼ね備えている。具体的には，「データベース」という項目のなかにある「国立国会図書館蔵書」と「公共図書館蔵書」がそれである。これにより，国立国会図書館の蔵書のみならず，公共図書館の蔵書についても検索可能となり，求める図書がどのような公共図書館に所蔵されているかを確認することができる。

　以上の検索式を，「国立国会図書館サーチ」の検索画面に入力したものが，図7-4（p.98参照）の①の画面である。その検索式を実行した結果を示したのが，図7-4の②の画面である。14件が該当図書として検索されており，その書誌的事項の簡略データと所蔵図書館に関する情報が表示されている。「国立国会図書館蔵書」と「公共図書館蔵書」と並んで表示されている「児童書総合目録」とは，国際子ども図書館，大阪府立中央図書館国際児童文学館，東京都立多摩図書館をはじめとする7機関が所蔵している児童書を収録している情報源であり，当該図書はこれらの機関にも所蔵されている図書であることが示されている。

　検索された14件のうち，3件目の図書に関する書誌的事項の詳細データを示したのが図7-4の③の画面である。タイトル以下の書誌的事項に加えて，「件名（キーワード）」という項目に「海洋汚染」という件名標目が記載されていることがわかる。これにより，この図書は「海洋汚染」という件名標目を使って検索されたことになる。なお，「要約・抄録」という項目が付加されているが，これにより，当該図書について，タイトルだけでは判明できない詳しい内容を知ることができる。さらに，画面の右側には，北海道立図書館以下，この図書を所蔵している図書館が示されている。

　14件の検索結果について，「要約・抄録」の記述等を参考に，情報要求に合致しているかどうかを評価し（図7-5の段階Ⅴ），書誌的事項の詳細データを通して，情報要求に合致していると評価された図書を同定・識別する（図7-5の段階Ⅵ）。このように，検索結果が多くなった場合は，主題の適合性の高

いものを選択し，あるいは，出版年をもとに，より最新の図書を選択するなどして，絞り込むとよい。図書に比べ，より特定化された主題を扱い，最新の知見を扱っている雑誌記事や論文の検索も考えられる。雑誌記事・論文の検索には「雑誌記事索引」という情報源を選択する必要がある（第6章の図6－1の❻）。

　図書については，「書誌・索引」を使用することなく，学校図書館の蔵書目録を使って求める図書を検索するという方法も可能である。しかし，蔵書目録で検索できる図書はいうまでもなく，その図書館に所蔵されている図書に限定される。焦点化された問題の解決に有用な図書は図書館蔵書以外にも多数，存在することが考えられる。ゆえに，特定の図書館の蔵書に限定することなく，「一般書誌」を選択する必要がある。

　この「一般書誌」とは，特定の分野に限定することなく，あらゆる主題分野の図書の書誌的事項を収録している情報源の類型をいう。一般書誌に該当する情報源としては，「NDL-OPAC（「詳細検索」を選択し，資料種別を「図書」に指定）」（国立国会図書館），『出版年鑑』（出版ニュース社），『Book Page 本の年鑑』（日外アソシエーツ）などがあげられる。特に児童書に限定したものとしては，「国際子ども図書館子どもOPAC」（国際子ども図書館），『学校図書館基本図書目録』（全国学校図書館協議会）等があげられる。なお，「NDL-OPAC」と「国際子ども図書館子どもOPAC」は，国立国会図書館と国際子ども図書館の蔵書目録であるが，あらゆる分野の資料を網羅的に収録していることから，「一般書誌」として利用することが可能な情報源である。

（3）目録の利用と原文献の入手

　「書誌・索引」や「雑誌記事索引」という文献検索用情報源は，著者や書名，さらには件名等の手がかりを使って，求める図書や雑誌記事・論文の書誌的事項を検索するものであって，図書や雑誌記事・論文の所在（図書や雑誌の所蔵図書館）に関する情報を確認することはできない。よって，実際に必要な図書や雑誌記事・論文自体を入手するには，図書や雑誌の所蔵に関する情報が含まれている「目録」という情報源を利用する必要がある。

2．情報の探索と収集　　103

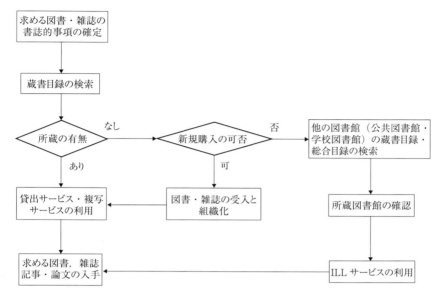

図7-6　原文献の入手過程

　書誌的事項が確定された図書や雑誌記事・論文自体（原文献）を入手するためには，所定の作業と手続きからなるプロセスを経る必要がある。そのプロセスを示したのが図7-6である。
　まず，図書館の蔵書目録を使って，図書と雑誌の所蔵の有無を確認する必要がある。ここで注意すべきことは，雑誌記事・論文を入手するためには，その記事が掲載されている雑誌とその巻号の所蔵について調査しなければならない，という点である。すなわち，雑誌記事・論文については，まず求める雑誌記事・論文の書誌的事項を「雑誌記事索引」を使って検索し，求める雑誌記事の書誌的事項が確定された後に，蔵書目録を使ってその記事が掲載されている雑誌の巻号の所蔵調査を行う，という手順をとる必要がある。図書については，「書誌・索引」を使って求める図書の書誌的事項を確認できたならば，次に蔵書目録を使って当該図書の所蔵調査を行うことになる。
　自館の蔵書目録の検索の結果，所蔵されている場合は，閲覧サービスによって館内での利用が可能となる。図書については貸出サービスによる館外利用が

可能であり，雑誌記事については複写サービスを通して雑誌記事を入手することができる。

　求める図書あるいは雑誌（当該巻号）が自館に所蔵されていない場合には，2通りの方法のいずれかを選択することになる。図書については新規購入が，雑誌については新規購入・継続受け入れが，それぞれ可能であれば，収集・組織化し，自館の蔵書に加えることになる。ただし，新規購入あるいは継続受入のためには，次の三つの条件が満たされなければならない。第一に自館の資料選択・収集基準に合致していること，第二に資料購入・受入費用があること，第三に当該資料が絶版ではなく購入可能であること，である。これらの3条件のいずれかが満たされない場合，他の学校図書館や公共図書館の蔵書目録や複数の図書館の蔵書を収録している総合目録を使って所蔵調査を行う必要がある。児童書の総合目録としては，前節で示したとおり，国際子ども図書館が提供している『児童書総合目録』を利用することができる。

　他の図書館の蔵書目録や総合目録を検索して，求める図書や雑誌の所蔵図書館が明らかになったならば，レファレンスサービスを利用して，所蔵図書館に対してILL (Inter-Library Loan) サービスを依頼することになる。すなわち，図書であれば相互貸借により図書の送付を依頼し，雑誌については求める記事・論文の書誌的事項を示し，複写サービスを通して，当該記事・論文のコピーの郵送を依頼するなど，の手続きをとることになる。学校が設置されている自治体以外の公共図書館の蔵書へのILLサービスについては，学校が設置されている自治体の公共図書館を通して利用の可否を問い合わせる必要がある。

　全国学校図書館協議会による「学校図書館調査」によれば，2014年の平均蔵書冊数は，小学校では9,601冊，中学校では11,874冊，高等学校では25,524冊となっている[4]。このような学校図書館の蔵書規模では，一学校図書館だけでは，児童生徒の多様な情報資料への要求を充足することができない。

　それゆえ，司書教諭は，児童生徒の情報資料への要求を充足するためには，他の学校図書館の情報資源，さらには地域の公共図書館の豊富な情報資源の利

4：全国学校図書館協議会「2014年度学校図書館調査」http://www.j-sla.or.jp/material-research/2008-2.html，（参照2015-09-26）．

用も図る必要がある。そこで，司書教諭には，他の学校図書館や公共図書館の蔵書目録の検索スキル，さらには複数の図書館の蔵書の同時検索が可能な横断検索システムや総合目録の検索スキルの獲得が求められる。

3．インターネット情報源の選択と評価

　先に取り上げた「国立国会図書館サーチ」もインターネット上で利用可能であるという点では，インターネット情報源といえる。実際に，GoogleやYahooなどの検索エンジンを使って，「国立国会図書館サーチ」というキーワードで検索すれば，「国立国会図書館サーチ」にアクセスが可能である。しかし，ここで注意すべきことは，GoogleやYahoo等の検索エンジンで「海洋汚染」というキーワードで検索しても，先に示した図書の書誌的事項を見出すことはできない，ということである。検索できるのは，「海洋汚染」というキーワードがウェブページの記述なかに出現するようなサイトである。こうしたウェブサイトを問題解決のための情報源として選択するにあたっては，その信頼性を十分に評価する必要がある。

　「国立国会図書館サーチ」をはじめとする書誌・索引や図書館の蔵書目録で検索される図書についても，その情報内容の信頼性が必ずしも十分に保証されているわけではない。しかし，図書や雑誌記事などの図書館が提供の対象とする情報資源は，次の2点によって，その情報内容の信頼性が一定程度保証されている，とみなすことができるのである。

　第一に，図書や雑誌記事・論文は，その情報内容に関する専門知識を有する専門家が著者となっており，その情報内容の信頼性に責任を有する者として著者名が情報源に明記されていること。

　第二に，図書や雑誌記事は，社会的な機関として認知されている出版者・学協会等による編集や査読を通して，その情報内容の信頼性を客観的に評価したうえで，出版されていること。

　このように，情報源の信頼性については，①専門家としての著者の存在とその明記，②出版者・学協会による出版物，という二つの要素によって保証され

ているのである。

　特に百科事典や専門事典等のレファレンス資料は，各分野を代表する多数の専門家によって執筆されており，出版の豊富な実績のある著名な出版者によって出版されている場合が多いことから，その情報内容の信頼性はより一層高い情報源といえる。図書館の蔵書として図書や雑誌が収集・提供されるのは，それらの情報源に記録されている情報内容の信頼性が保証されているがゆえに，学習のための情報源として適格であると評価されているからである。

　図書や雑誌記事という情報源の信頼性を保証する著者と出版者というこれらの要素は，インターネット上の情報源の信頼性を評価する際の要素としても有用なものである。そこで，インターネット情報源を実際に評価するための諸要素をまとめたのが図7-7の「インターネット情報源の評価票」である。

　インターネット情報源の信頼性に関する主要な評価項目は，「ページの掲載機関」と「ページの作成者（著者）」である。ページの掲載機関とは，そのページが掲載されているウェブサイトを管理・運営している機関であり，大学や研究機関，政府関係機関，企業・団体等が該当する。この機関の属性については，URLアドレスのドメインのタイプにも反映されることになる。同時に，そのページに掲載されている情報内容の主題領域に関係する機関であるかどうかを判断できる情報が当該ウェブページ上で確認可能かどうかを評価する必要がある。

　次に，ページの作成者（著者）であるが，これは，当該ページに記述されている情報を作成している個人ないし団体が明記されているかどうかを確認する必要がある。匿名による記述の場合，情報内容の信頼性を評価する手がかりを欠くものとして，問題解決のための情報源として利用することは避ける必要がある。ページの作成者が明記されている場合でも，その情報内容を扱うだけの専門知識を有している個人（専門家）ないし団体（専門機関）であるかどうかを確認が求められる。そのためには，そのことが確認できる適切な情報が当該ウェブサイトに記載されている，ことが条件となる。

　当該ページの情報内容の信頼性を保証するうえで，さらに二つの重要な要素がある。それは，「更新履歴」が明示されていることと，当該ページの記述内

3．インターネット情報源の選択と評価 | 107

ウェブページの タイトル	
URL	〈URL アドレス〉
	〈ドメインのタイプ〉 □ac　□edu　□gov　□org　□com　□その他（　　　）
	〈アクセス日時〉 　　　年　　　　月　　　　日　　　時　　　　分
コンテンツ（情報 内容）の主題領域	□総記　　　□哲学・宗教　□歴史・地理　□社会科学 □自然科学　□技術・工学　□産業　　　　□芸術 □言語　　　□文学
ページの 掲載機関	〈機関名〉　□有　　　□無
	〈当該主題を扱う機関としての適切さを示す証拠〉
ページの 作成者（著者）	〈作成者名（著者名）〉　□有　　　□無
	〈当該主題を扱う作成者としての適切さを示す証拠〉
更新履歴	□有　　　　　　　　　　　　□無 最終更新日：　　　年　　　月　　　日
出典・引用文献	□有　　　　　　　　　　　　□無 引用文献数：　　　件

図7-7　インターネット情報源の評価票

容について「出典・引用文献」が明記されていることである。ウェブページの内容は随時，更新可能であることから，更新した日時と更新内容について明記されていることが，情報内容の同一性保持の有無の確認のためにも重要である。

　以上から，問題解決用情報源として選択するインターネット情報源は，原則として以下の条件を満たす場合に限る必要がある。すなわち，①ページの掲載

機関，②ページの情報内容の作成者（著者），③更新履歴，④出典・引用文献，の4項目について明記されていることである。さらに，前者の2項目（①と②）については，証拠となる情報がウェブページ上で確認できることである。

4．まとめ

本章では，探究的な学習における「問題の焦点化」と「情報の探索・収集」について児童生徒が習得すべき知識とスキルについて解説した。特に，司書教諭には，問題の焦点化における件名標目の活用スキルを児童生徒が習得できるように指導することが求められる。また，この件名標目を検索語として使えば，直ちに焦点化された問題の主題に適合した文献の検索が可能になることを指導することが肝要である。

問題の解決にあたって，特に最新の情報を入手する際にはインターネット情報源を選択，利用することも考えられる。但し，このインターネット情報源の選択にあたっては，その信頼性を十分に評価することが必須である。

司書教諭は，インターネット情報源に限らないが，問題解決に必要な情報源の選択にあたっては，その信頼性について十分に評価する必要があることを児童生徒に十分に理解させる必要がある。そのうえで，特に，インターネット情報源については，実際に信頼性の評価項目を使って評価できるように，児童生徒を指導する必要がある。

第8章
情報リテラシーと探究的な学習-3

　本章では，前章で取り上げた情報探索に関する情報リテラシーの構成要素について学習する際の順序性を示した学習階層を取り上げる。すなわち，情報探索に関する指導において，いかなる知識やスキルを前提にしながら順次実施する必要があるのかについて解説する。同時に，情報探索の中核となる「検索戦略の構築」に関する技法を取り上げ，児童生徒に指導すべき情報検索に関するリテラシーについて述べる。

　次いで，児童生徒が探究的な学習の第四段階である「情報の整理・加工・発信」に取り組む際に，司書教諭として児童生徒に指導すべき情報リテラシーの内容について具体的な事例を設定しながら解説する。

1．情報探索に関する学習階層と検索戦略の構築

(1) 情報探索に関する学習階層

　レポートの作成・提出という最終成果が求められるような探究的な学習においては，児童生徒は自ら必要な情報の探索ができるように情報探索に関する知識とスキルを予め学習しておく必要がある。そこで，司書教諭には児童生徒の情報探索の知識とスキルの学習を支援する役割が求められる。ここでは，情報探索に必要な知識とスキルに関する学習指導について解説する。

　児童生徒が獲得すべき情報探索に関する知識とスキルに関する学習階層を示したものが図8-1である。

　ここで学習階層とは，最終的な学習目標を達成するために必要な学習内容と

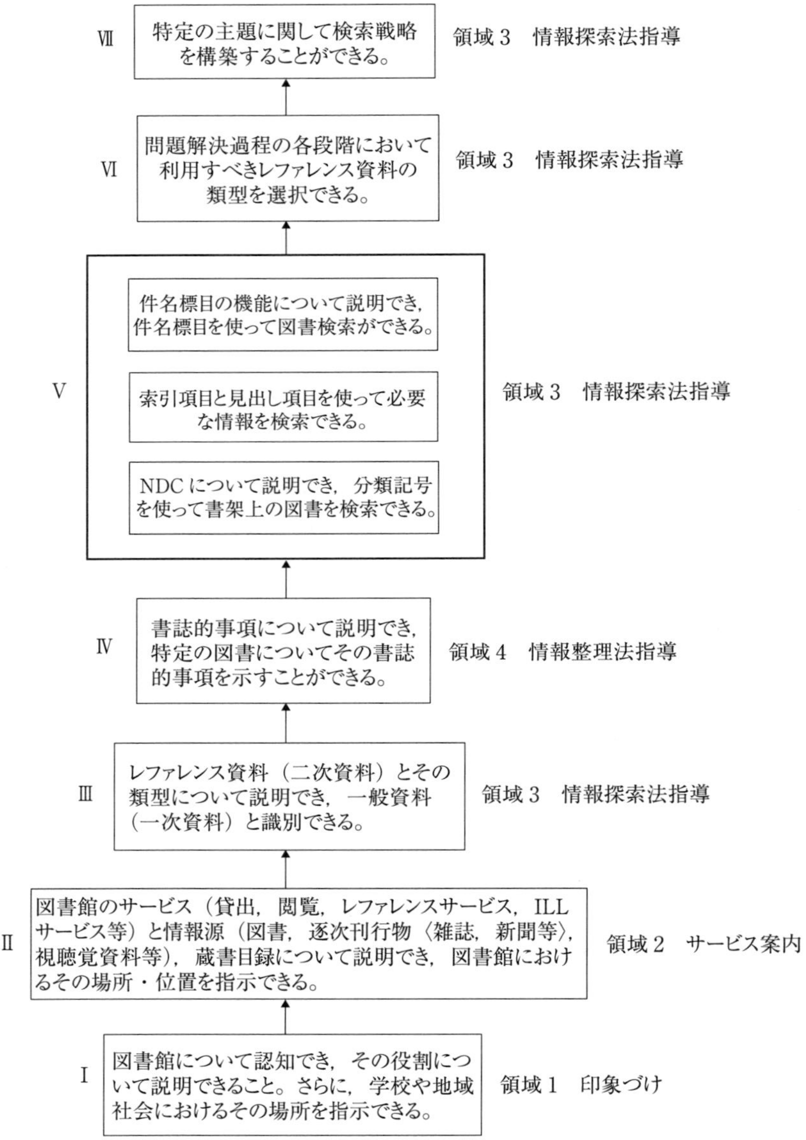

図8-1 情報探索に関する学習階層

- Ⅶ 特定の主題に関して検索戦略を構築することができる。 —— 領域3 情報探索法指導
- Ⅵ 問題解決過程の各段階において利用すべきレファレンス資料の類型を選択できる。 —— 領域3 情報探索法指導
- Ⅴ
  - 件名標目の機能について説明でき，件名標目を使って図書検索ができる。
  - 索引項目と見出し項目を使って必要な情報を検索できる。
  - NDCについて説明でき，分類記号を使って書架上の図書を検索できる。

  領域3 情報探索法指導
- Ⅳ 書誌的事項について説明でき，特定の図書についてその書誌的事項を示すことができる。 —— 領域4 情報整理法指導
- Ⅲ レファレンス資料（二次資料）とその類型について説明でき，一般資料（一次資料）と識別できる。 —— 領域3 情報探索法指導
- Ⅱ 図書館のサービス（貸出，閲覧，レファレンスサービス，ILLサービス等）と情報源（図書，逐次刊行物〈雑誌，新聞等〉，視聴覚資料等），蔵書目録について説明でき，図書館におけるその場所・位置を指示できる。 —— 領域2 サービス案内
- Ⅰ 図書館について認知でき，その役割について説明できること。さらに，学校や地域社会におけるその場所を指示できる。 —— 領域1 印象づけ

(出典：Miller, C.R. "Scientific literature as hierarchy : library instruction and Robert M. Gagne," *College and Research Libraries*, vol.43, no.5, 1982, p.388の図をもとに作成)

その相互関係を踏まえ，学習内容を整理し，学習内容の順序を定めるという学習理論である[1]。図8-1に示したように，情報探索に関する学習指導の内容は7段階からなるが，各段階は第5章で取り上げた『図書館利用教育ガイドライン』（以下，『ガイドライン』）に示された「領域1　印象づけ」「領域2　サービス案内」「領域3　情報探索指導法」「領域4　情報整理法指導」のいずれかに対応するものである。この情報探索に関する学習階層は『ガイドライン』で設定された領域の必要性を理論的に説明したものといえる。

さて，情報探索に関する学習において，最終的に習得すべき知識とスキルは何かといえば，それは必要な情報を得るために検索戦略の構築ができることである[2]。この検索戦略は第7章で取り上げたように，次の4段階から構成される。すなわち，

①質問の分析
②情報源の選択
③検索語の選定
④検索式の作成

である。この4段階の作業が可能となるためには，探究的な学習過程の各段階において利用すべき「レファレンス資料の類型とレファレンス資料からの情報の検索法」に関する知識とスキルを習得しておく必要がある。情報探索を必要とする探究的な学習過程の段階は，第6章の図6-1に示したように次の3段階からなる。すなわち，課された問題から自ら取り組む問題を設定する段階（第一段階），問題を焦点化する段階（第二段階），焦点化された問題に関する本格的な情報探索・収集の段階（第三段階）である。第6章で解説したように，各段階で必要となるレファレンス資料の類型は次のとおりである。

第一段階では，問題の概要を把握するために必要な情報を得るための情報源として百科事典や専門事典という類型のレファレンス資料が該当する。

1：ガニエ，E. D., 赤堀侃司，岸学監訳『学習指導と認知心理学』パーソナルメディア，1989, 527p.
2：Miller, C.R. "Scientific literature as hierarchy : library instruction and Robert M. Gagne," *College and Research Libraries*, vol.43, no.5, 1982, p.388.

第二段階では，件名標目表に加えて，取り組むべき問題に関して平易に解説している図書を検索するために必要な「書誌・目録」という類型のレファレンス資料が該当する。

　第三段階では，焦点化された問題の解決に必要な図書や雑誌記事・論文を検索するために必要な「書誌・索引」というレファレンス資料が該当する。

　検索戦略構築能力の育成を最終目標とする情報探索に関する学習階層では，上述のレファレンス資料の選択は重要な学習対象となる。しかし，レファレンス資料の選択を含め，検索戦略の構築に関する4段階について理解するためには，その前提となる知識の獲得が必要となる。その前提となる知識の最基底にあるのが図書館という機能と施設への認識である（図8-1のⅠ）。すなわち，図書館とはどのような機能を有する施設であり，自分たちの学習活動にどのような役割を有しているのか，ということを学習し，理解することである。この第Ⅰ段階に関する学習内容は『ガイドライン』の「領域1　印象づけ」に対応するものである。

　図書館に関する基本的な知識を踏まえ，次に図書館の具体的なサービスや所蔵・提供されている情報源について学習する必要がある（図8-1のⅡ）。すなわち，貸出，閲覧，レファレンスサービス等のサービスがあることを知り，その内容について学習し，理解することである。また，図書館で利用できる情報源として図書，逐次刊行物，視聴覚資料等があること，さらにはそれらの情報源を検索するために蔵書目録があることを学習し，理解する必要がある。この第Ⅱ段階の学習内容は『ガイドライン』の「領域2　サービス案内」に対応するものである。なお，レファレンスサービスについては，次章で詳しく取り上げる。

　以上の知識の習得を踏まえたうえで，次に一次資料と二次資料としてのレファレンス資料の違いとともに，レファレンス資料の類型について学習する必要がある（図8-1のⅢ）。この第Ⅲ段階の学習内容は『ガイドライン』の「領域3　情報探索法指導」に対応するものである。なお，一次資料と二次資料としてのレファレンス資料の特性については第6章で取りあげたとおりである。レファレンス資料の類型については第9章で扱う。

以上の情報源に関する知識の習得を踏まえたうえで，図書や雑誌記事・論文等の情報源の同定・識別に必須である書誌的事項について学習し，具体的な図書や雑誌記事・論文について，その書誌的事項に関する記述法を学習する必要がある（図8-1のⅣ）。この第Ⅳ段階の学習内容は『ガイドライン』では「領域5　情報整理法指導」で扱われている。なお，この書誌的事項とその記述については，次節で取り上げる。

　次に学習すべきことは，レファレンス資料から求める情報を検索するための手がかりとその使用法である（図8-1のⅤ）。具体的には，第7章で取り上げた索引項目と見出し項目の識別とその利用，主題探索の手がかりとして重要な件名標目や『日本十進分類法（NDC：Nippon Decimal Classification）』の分類記号について学習する必要がある。この第Ⅴ段階の学習内容は『ガイドライン』の「領域4　情報探索法指導」で扱われている。

　以上の学習を踏まえ，次に学習すべきことは，探究的な学習過程の開始から情報の探索・収集に至る各段階で選択すべきレファレンス資料の類型とその類型に属する具体的なレファレンス資料について学習する必要がある（図8-1のⅥ）。この第Ⅵ段階の学習内容は『ガイドライン』では「領域4　情報探索法指導」で扱われている。なお，レファレンス資料の各類型に属する主なレファレンス資料については第9章で紹介する。

（2）検索戦略の構築

　以上のすべての学習成果を踏まえて最終的に学習すべきことは，探究的な学習過程の各段階において必要な情報を探索する際に求められる検索戦略の構築である（図8-1のⅦ）。検索戦略の構築は，第7章の図7-5に示したように，①質問の分析，②情報源（レファレンス資料）の選択，③検索語の選定，④検索式の作成，からなる。この第Ⅶ段階の学習内容は『ガイドライン』では「領域4　情報探索法指導」で扱われている。ここでは，検索戦略の最終段階である「検索式の作成」について解説する。

　情報源として，「NDL-OPAC」などの書誌データベースを選択した場合，複数の検索語を検索式として使用することができる。複数の検索語を使用する場

合，質問の主題を構成する概念間の論理的関係を踏まえ，異なる検索語を論理演算子によって結合して検索式とすることができる。

たとえば，質問が「土壌汚染または水質汚染を扱った図書を知りたい」であるとする。この場合，質問の主題は「土壌汚染」と「水質汚染」という二つの異なる概念から構成されている。よって，この質問の主題を満たす図書を検索するためには，「土壌汚染」という概念を表す検索語と「水質汚染」という概念を表す検索語の二つの検索語を使用する必要がある。「NDL-OPAC」を情報源として選択した場合，『国立国会図書館件名標目表（NDLSH：National Diet Library Subject Headings）』という件名標目を使用することができる。各概念を表す件名標目は，第7章の図7-1に示したように，「土壌汚染」と「水質汚濁」であるから，これらを検索語として選定すればよい。そこで，次に考慮すべきことは，この二つの概念の論理的関係である。ここで，論理的関係とは，次の三つの関係を指す。

①二つの概念が共に必須である関係（論理積）
②二つの概念のいずれかが成り立つ関係（論理和）
③一方の概念が不要である関係（論理差）

論理積を表現する演算子にはANDが，論理和を表現する演算子にはORが，論理差を表現する演算子にはNOTが，通常，使用される。

そこで，「土壌汚染」という検索語で検索される文献集合と「水質汚濁」という検索語で検索される文献集合という二つの文献集合が生成される。この二つの文献集合の関係は図8-2のように表すことができる。

ここで，二つの文献集合の構成部分（部分集合）をa，b，cとする。すなわち，aは「土壌汚染」のみを扱った文献集合，bは土壌汚染と水質汚濁の両方を扱った文献集合，cは水質汚濁のみを扱った文献集合をそれぞれ表すものとする。

そこで，「土壌汚染」と「水質汚濁」の両方について扱っている文献を検索するための検索式は次のとおりとなる。

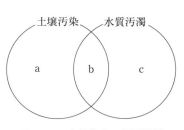

図8-2　文献集合の相互関係

1)（土壌汚染　AND　水質汚濁）

「土壌汚染」または「水質汚濁」のいずれかを扱っている文献を検索するための検索式は次のとおりとなる。

　　2)（土壌汚染　OR　水質汚濁）

「土壌汚染」を扱っているが，「水質汚濁」については扱っていない文献を検索するための検索式は次のとおりとなる。

　　3)（土壌汚染　NOT　水質汚濁）

　以上の各検索式によって検索される文献は次のとおりとなる。

　　1)（土壌汚染　AND　水質汚濁）　＝　{b}
　　2)（土壌汚染　OR　水質汚濁）　＝　{a, b, c}
　　3)（土壌汚染　NOT　水質汚濁）　＝　{a}

　このように，データベースでは，質問の主題を構成する概念が複数ある場合，その論理的関係を表現した検索式の作成が可能となる。よって，先に取り上げた「土壌汚染または水質汚染を扱った図書を知りたい」という質問について作成される検索式は上記2)の「土壌汚染　OR　水質汚濁」となる。

　このように，データベースとして利用可能なレファレンス資料を選択した場合，その主題が複数の概念からなる質問については，それらの概念間の論理的関係を踏まえた検索式が作成できるように児童生徒を指導する必要がある。

2．情報の加工・整理と発信

　焦点化した問題について図書や雑誌記事・論文（以下，文献）を探索し，原文献（図書あるいは雑誌記事・論文自体）が入手できたならば，その図書や雑誌記事・論文を実際に利用し，問題解決に必要な情報を抽出し，整理・加工のうえ，まとめる必要がある。「レポート作成」という情報発信を探究的な学習の最終段階とする場合，入手できた図書や雑誌記事・論文を対象に，次の3点について順次作業を進める必要がある。

　①図書や雑誌記事・論文の書誌的事項を所定の基準に従って記録する。
　②図書や雑誌記事・論文の要約を作成する。

③図書や雑誌記事・論文の記述のなかで，レポートにおいて引用する部分を抽出する。

　上記の①の書誌的事項の記録は，レポートのなかで図書あるいは雑誌記事・論文を引用した場合，引用文献（参照文献）としてその書誌的事項を明示しなければならないゆえに，必須の作業である。

　レポート作成において，図書や雑誌記事・論文を引用する場合，次の２通りがある。すなわち，図書や雑誌記事・論文の特定の部分（通常，文章や節単位）を引用する場合と，図書や雑誌記事・論文が扱っている主題全体を取り上げて引用するような場合である。上記の②の要約作成は，後者のように，図書や雑誌記事・論文が扱っている主題全体を引用する場合に必要となることはいうまでもない。同時に，前者のように，特定の部分を引用する場合でも，その図書あるいは雑誌記事・論文の全体の主題とその論旨を把握したうえで，全体の論旨に違うことのなく，特定部分を取り上げる必要がある。ゆえに，特定の部分を引用する場合にも，事前に全体の論旨をまとめた要旨を作成していく必要がある。

　たとえば，ある図書のなかで，Ａ，Ｂという主題が取り上げられていたとしよう。このなかで，その図書の著者の主たる主張はＡという主題にあり，このＡという主題の重要性を説明するために，比較対象としてＢを取り上げているような場合がある。たとえば，自由主義（Ａ）の重要性を指摘するために，社会主義（Ｂ）を取り上げているような場合である。このとき，その図書の一部として社会主義の記述部分（Ｂ）を引用することは，その図書の主旨とは異なる主張を取り上げていることになるがゆえに，適切とはいえない。Ｂを引用する場合には，Ａの優位性を明らかにするという趣旨にそって取り上げる必要がある。このように，文献の特定の部分を引用対象とする場合でも，文献全体の論旨を踏まえる必要があるために，要約を作成しておくことが望ましい。

　以下，要約作成について説明し，そのうえで，引用文献（参照文献）として明示するために必要となる書誌的事項と引用文献の記述法について解説する。

（1）文献の主題と引用・要約作成

　文献の要約を作成するには，まず，文献の主題を正確に把握する必要がある。文献の主題を把握する際に留意すべきことは，複数の主題を扱っているような場合である。いま，ある文献がAとBという二つの主題を扱っているとしよう。このとき，AとBとの関係は次の5通りの場合が考えられる。

① AとBは並列的に扱われており，特にいずれか一方に重点がおかれているわけではない。
② AとBのうち，いずれか一方に重点がおかれている。
③ AがBに影響を与えるという関係にある。
④ Aが原因であり，Bが結果という関係にある。
⑤ Aという理論をBという分野に応用している。
⑥ Bに重点が置かれており，Bの特徴や優位性を明確にするために，比較対象としてAを取り上げている。

　上記のように複数の主題を扱っている文献を引用する場合，原則として以下の基準に依拠する必要がある。

　上記の①に該当する文献はAとBの両方の主題を等価に扱っていることから，Aに関する文献として，あるいはBに関する文献として，それぞれ引用することが可能である。

　上記の②に該当する文献については，重点がおかれている主題に関する文献として引用することを原則とする。

　上記の③～⑥に該当する文献は，原則として，Bに関する文献として引用し，Aという単独の主題に関する文献としては引用しない。

（2）要約作成

　要約作成にあたっては，『科学技術情報流通技術基準：SIST』（科学技術振興機構）に収録されている「SIST 01：抄録作成」が参考となるが，主な留意点は以下のとおりである[3]。

3：『科学技術情報流通技術基準：SIST01：抄録の作成』科学技術振興機構，1980，p.2．

1) 客観的に書く。
   文献の重要な内容を客観的にかたよらずに記述する。主観的な解釈や批判は加えてはならない。
2) 著者が伝えたい内容を重点的にとりあげる。
   新規性のある内容や，著者が最も強調している知見は重点的に記述する。
3) 主題の取り扱い方を明示する。
   文献の性格や文献における主題の取り扱い方を明示する。例えば，"…を理論的に考察する"，"…の現況を報告した"，"…を展望した"などのように記述する。

このように，要約作成にあたっては，著者が重点をおいている主題を中心に，その取扱い方を明示し，客観的に記述することが求められる。

(3) レポート・論文の構成要素と記載内容

収集した文献の要約をもとに取り，組むべき問題について知りえた内容を踏まえ，また，必要に応じてインタビュー調査や実験の結果をも取り入れつつ，当該問題について明らかにできた内容をレポートや論文としてまとめることになる。

レポートや論文の作成にあたっては，以下の各要素を明記する必要がある[4]。

(a) 標題
(b) 著者名
(c) 本文（図・表を含む）
(d) 参照文献

標題は，レポートや論文の内容を具体的かつ的確に表すように，きるだけ簡

---

[4]：『科学技術情報流通技術基準：SIST08：学術論文の執筆と構成』科学技術振興機構，2010，p.3．

潔に記載するようにする[5]。

　本文の記載内容については，以下の点に留意する[6]。

　(a)論理的かつ明確な構想に基づいて記述する。
　(b)研究の目的，先行研究との関連性を明示する。
　(c)使用した手法や技術は，検証可能なように記述する。
　(d)結果とそれに対する分析は明確に区別して記載することが望ましい。

次に，参照文献（引用文献）については，以下の点に留意して記述する[7]。

　(a)本文の中で文献を参照する場合は，参照文献の一連番号又は参照文献の著者名等を用いた参照記号を該当箇所に記載する。
　(b)参照文献は，本文の最後にまとめて記載する。その配列は原則として，一連番号を付けた場合は番号順とし，著者名等を用いた場合は著者名のアルファベット順とする。
　(c)参照文献の項目は，1文献ずつ記載する。

　以上は，学術論文の構成要素と記載内容を定めた『科学技術情報流通技術基準：SIST08：学術論文の執筆と構成』（科学技術振興機構）をもとに，児童生徒が作成するレポートや論文作成に必要な構成要素と記載内容を示したものである。レポートや論文については，ある単元の授業で課すような小規模なレポートから，卒業研究をまとめた論文に至るまで，さまざまなレベルが存在する。上記の基準のうち，構成要素と参照文献については，どのようなレベルのレポートや論文であっても，共通して適用すべき基準である。

5：前掲書4，p.3．
6：前掲書4，p.5．
7：前掲書4，p.6．

（4） 参照文献の明示と記述法

　参照文献は，いかに小規模なレポートであっても，必ず明示する必要がある。それは，参照する文献は「著作権法」が規定する「著作物」であって，著作者の権利が保護されており，著作者の了解（許諾）を得ることなく，利用してはならないからである。

　発表用資料やレポートの中で他人の作品を「引用」して利用する場合，「著作者法第32条第1項」により，次の条件を満たす限りにおいて，著作者の了解なしに利用することが可能である。その条件とは以下の5点である[8]。

　　1) 既に公表された著作物であること。
　　2) 利用方法が，「公正な慣行」に合致していること（例：自分の考えを補強するためなど作品を引用する「必然性」があること）
　　3) 利用の目的が，報道，批評，研究のための「正当な範囲内」であること（例：引用の分量については，引用される部分（他人の作品）が「従」で，自ら作成する部分が「主」であること）
　　4) 引用部分については，カギ括弧などを付して，明確にすること
　　5) 著作物の題名，著作者名などの「出所の明示」をすること

　上記の5)の条件「出所の明示」については，「著作権法第48条」の規定に基づいている。この出所の明示とは，レポートや論文のなかで参照した文献の書誌的事項を明記することを指している。このように，図書や雑誌記事・論文，さらにはインターネット上の情報源についても，その書誌的事項を明示することなく，転載することはできないことに十分に留意する必要がある。なお，出所の明示を定めた「著作権法第48条」の規定に違反した場合，すなわち書誌的事項を明示することなく文献の内容を転載した場合，「著作権法第122条」において罰則が適用される。

　引用に際して書誌的事項を明示することは，レポートや論文作成における最

8：文化庁長官官房著作権課「学校における教育活動と著作権」http://www.bunka.go.jp/chosakuken/hakase/pdf/gakkou_chosakuken.pdf，（参照2015-01-04）．

も重要な指導のひとつである。そこで，レポートや論文の末尾や脚注において，参照文献を記述する方法については，『科学技術情報流通技術基準：SIST02：参照文献の書き方』（以下，SIST02）[9]や学協会等が定めた規定が参考となる。

　SIST02による図書と雑誌記事の記述法（書誌的事項と記述の順序）は以下のとおりである[10]。

　強調文字で示した書誌的事項の記述は必須となる。

「図書」
　著者．書名．版表示，出版地，**出版者，**総ページ数，（シリーズ名，シリーズ番号），ISBN，（言語の表示），（媒体表示），入手先，（入手日付）．
　例．
　　杉岡和弘．子ども図書館をつくる．東京，勁草書房，2005，210p.，（図書館の現場，4），ISBN4-326-09830-9．

「雑誌記事」
　著者名．論文名．誌名．出版年，**巻数，**号数，**はじめのページ-おわりのページ，**ISSN，（言語の表示），（媒体表示），入手先，（入手日付）．
　例．
　　杉山悦子．1950年代前期の沖縄における学校図書館改革の受容：指導主事永山政三郎の構想と第1回教育研究大会の見解を中心に．日本図書館情報学会誌．2015, Vol.61，No.2，p.96-111．

　参照文献（引用文献）の記述については，SIST02とは異なる方法もあるが，共通している点は，記述すべき書誌的事項である。異なる点は，その書誌的事項の記述順序や区切り記号法等である。重要なことは，レポート作成にあたり，自らの意見等の記述と他者の著作物からの引用を明確に識別することであり，典拠として使用した引用文献については，その書誌的事項を明記することである。

9：『科学技術情報流通技術基準：SIST02：参照文献の書き方』科学技術振興機構，2007，32p.
10：前掲書9，p.15-16.

3．まとめ

　本章では，情報リテラシーの中核となる情報探索の知識とスキルに関する学習階層を取り上げた。司書教諭は，学習階層が示す学習内容の順序性に依拠して指導することにより，児童生徒による情報探索の知識とスキルの習得を促進する必要がある。さらに，情報リテラシーの最終段階にあたる情報の加工・整理と発信を取り上げたが，参照文献の明示とその記述法については，児童生徒にその必要性を十分に理解させ，その習得を徹底させる必要がある。

第9章
レファレンスサービスによる学習支援

　本章では，児童生徒への個別的な学習支援として重要となるレファレンスサービスについて取り上げる。レファレンスサービスは，問題の設定に始まり情報の発信に至る探究的な学習の各段階において，個々の児童生徒の情報資料への要求に対応するサービスである。そこでまず，このレファレンスサービスの基本構造について解説し，次いで情報資料への要求を表したレファレンス質問の類型とその処理について取り上げる。さらに，国立国会図書館のレファレンス協同データベースを紹介し，レファレンスサービスによる学習支援の取り組みを共有する資源として活用する意義と方法について解説する。

1. レファレンスサービスの概要

　レファレンスサービスは，図9-1に示したように，利用者から情報資料への要求を表した質問（レファレンス質問）を受け付け，図書館の情報資源を利用（参照）して，回答を提供するサービスをいう。
　このレファレンスサービスは，利用者（児童生徒，教職員），情報源，図書館員（司書教諭・学校司書）の三つの要素から構成されており，図書館員は利用者と情報源を仲介する役割を担う。レファレンスサービスは，利用者が情報資料への要求を質問として図書館員に提示することから始まる（図9-1の①）。質問を提示された図書館員は質問の内容を確認するためのインタビューを行い，質問を明確に把握したうえで，検索戦略を構築し，検索を実行する（図9-1の②）。検索の結果，図書館員は得られた回答を評価し，利用者の情報資料へ

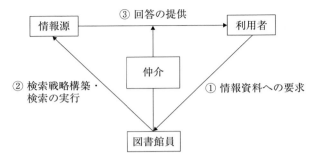

図9-1　レファレンスサービスの基本構造

の要求を満たす回答を利用者に提供する（図9-1の③）。以上の一連の過程をへてサービスは終了する。

　このサービスにレファレンスという用語が使われているのは次の理由による。すなわち，利用者が課題や問題を解決するうえで「参考（レファレンス）」となる調査を図書館員が情報源を使って実施するサービスであること。また，事典や書誌・索引を中心とする情報源を「参照（レファレンス）」して得られた情報資料を回答として提供するサービスであること。このように，レファレンスという機能・行動によって成立するサービスであることから，レファレンスサービスと称される。このレファレンスサービスは，利用者からの質問に回答するサービスであることから，質問回答サービスと呼ばれる。また，利用者に直接提供されるサービスであることから，直接サービスともいう。

　この直接サービスに対して，レファレンス資料を収集・組織化・蓄積し，維持管理するサービスを間接サービスという。問題解決の過程にそって必要となる百科事典，専門事典，書誌・索引を整備していくことが，この間接サービスの業務内容となる。同時に，インターネット情報源が増大するなかで，学習に有用であり，信頼性が保証されたインターネット情報源を選択し，リスト化することも，重要な間接サービスの業務といえる。

2．レファレンス質問の種類と主要な情報源

　利用者のレファレンス質問は三つの種類に分類することができる。第一に特定の情報を求める質問（情報探索質問）があげられる。第二に特定の文献を求める質問（文献探索質問）があげられるが，この文献探索質問はさらに次の三つに分けられる。すなわち，ある特定の文献の書誌データを求める質問（書誌的事項質問），ある特定の主題を扱った文献を求める質問（主題探索質問），ある特定の文献の所在情報を求める質問（所蔵調査質問）である。第三に情報や文献の探索法の案内を求める質問（探索法質問）があげられる。

　レファレンス質問は主題と要求事項によって類型化され，レファレンス質問の類型に応じて質問に回答するために利用する情報源（レファレンス資料）の類型が定まることになる。

　情報探索質問の回答を得るために使用される情報源の類型には辞書・事典などのレファレンス資料がある。表9-1は分野別に情報探索質問の類型とそれに対応した情報源の類型，および当該情報源の類型に属する具体的な情報源（レファレンス資料）を示したものである。

　一方，文献探索質問の回答を得るために使用される情報源の類型には書誌・索引・目録というレファレンス資料がある。表9-2は分野別に文献探索質問の類型とそれに対応した情報源の類型，および当該情報源の類型に属する具体的な情報源（レファレンス資料）を示したものである。

　表9-1と表9-2に示したレファレンス資料をすべて個々の学校図書館で所蔵することは難しい。それゆえ，司書教諭は，地域の公共図書館からこれらのレファレンス資料を取り寄せ，児童生徒が利用できるように，公共図書館と事前に協議し，調整を図る必要がある。なお，表に示したレファレンス資料は主に高等学校の学校図書館での利用を想定したものである。小学校や中学校の図書館においては，『学校図書館基本図書目録』（全国学校図書館協議会）などの選書ツールを参照し，情報源の各類型について小学生や中学生の学習段階に応じたレファレンス資料を選択収集する必要がある。

表9-1　情報探索質問の類型と情報源の類型・情報源（レファレンス資料）の実際

情報探索質問の主題の類型			情報源の類型	情報源（レファレンス資料）
言語・文字	普通語		国語辞書	『日本国語大辞典』（小学館），『広辞苑』（岩波書店），『大辞林』（三省堂）
	文字		漢和辞書	『大漢和辞典』（大修館書店），『大漢語林』（大修館書店），『講談社新大字典』（講談社）
	外国語		対訳辞書	『研究社新英和大辞典』（研究社），『独和大辞典』（小学館），『仏和大辞典』（白水社）
	特殊語	古語	古語辞書	『岩波古語辞典』（岩波書店）
		新語	新語辞書	『イミダス：情報・知識』（集英社），『現代用語の基礎知識』（自由国民社），『知恵蔵』（朝日新聞社）
		外来語	外来語辞書	『角川外来語辞典』（角川書店）
		方言	方言辞書	『日本方言大辞典』（小学館）
		隠語	隠語辞書	『隠語大辞典』（皓星社）
事象・事物	事象・事物一般		百科事典	『日本大百科全書』（小学館），『世界大百科事典』（平凡社）
	専門事象・事物		専門事典	『心理学事典』（平凡社），『現代法律百科大辞典』（ぎょうせい），『新潮日本文学辞典』（新潮社）
歴史・日時	歴的事象		歴史事典	『国史大辞典』（吉川弘文館），『世界歴史大事典』（教育出版センター）
			年表	『日本史総合年表』（吉川弘文館），『世界史大年表』（山川出版社）
			統計資料	『日本統計年鑑』（日本統計協会），『日本の統計』（国立印刷局），『国際連合世界統計年鑑』（原書房）
地理・地名	地理		地理事典	『世界地理大百科事典』（朝倉書店），『全国市町村要覧』（第一法規出版）
	地名		地名事典	『角川日本地名大辞典』（角川書店），『日本歴史地名大系』（平凡社）
人物・団体	人名		人名事典	『日本人名大事典』（平凡社），『岩波世界人名大辞典』（岩波書店）
	団体		団体名鑑	『図書館年鑑』（日本図書館協会），『職員録』（国立印刷局），『会社年鑑』（日本経済新聞社）

表9-2　文献探索質問の類型と情報源の類型・情報源（レファレンス資料）の実際

文献探索質問		情報源の類型	情報源（レファレンス資料）名
主題	要求事項		
図書	書誌的事項	一般書誌	『国立国会図書館全国書誌提供サービス』，『出版年鑑』（出版ニュース社），『Book Page 本の年鑑』（日外アソシエーツ）
		選択書誌	『学校図書館基本図書目録』（全国学校図書館協議会），『選定図書目録』（日本図書館協会）
		主題書誌	『新・どの本で調べるか：調べたい本がかならず探せる』（図書館流通センター），『日本文学研究文献要覧』（日外アソシエーツ）
		人物書誌	『人物文献目録』（日外アソシエーツ），『現代日本執筆者大事典』（日外アソシエーツ）
		翻訳書誌	『翻訳図書目録』（日外アソシエーツ）
	所蔵図書館	蔵書目録	「NDL-OPAC（「詳細検索」，資料種別：「図書」）」（国立国会図書館），「国際子ども図書館子ども OPAC」
		総合目録	「国立国会図書館サーチ（児童書総合目録）」
雑誌・新聞	書誌的事項	逐次刊行物書誌	『雑誌新聞総かたろぐ』（メディア・リサーチ・センター）
雑誌記事・新聞記事	書誌的事項	雑誌記事索引	「NDL-OPAC（雑誌記事索引）」，「大宅壮一雑誌記事索引総目録」（大宅壮一文庫）
		新聞記事索引	『昭和ニュース事典』（毎日コミュニケーションズ），『ヨミダス歴史館』（読売新聞社）

表9-3　レファレンス質問の類型と質問例

```
1) 情報探索質問の例
    「宮澤賢治の経歴について知りたい」
2) 文献探索質問の例
    ①「宮澤賢治の書いた童話にどのようなものがあるか，知りたい」(書誌的事項
       質問)
    ②「宮澤賢治の童話に関する研究図書を知りたい」(主題探索質問)
    ③「宮澤賢治の童話『風の又三郎』は所蔵されているか」(所蔵調査質問)
3) 探索法質問（調べ方質問）の例
    ①「宮澤賢治の経歴について調べ方を知りたい」
    ②「宮澤賢治の書いた童話の探し方を知りたい」
    ③「宮澤賢治の童話に関する研究文献の探し方を知りたい」
```

以下では，人物を例に具体的なレファレンス質問を取り上げる。表9-3は，レファレンス質問の類型と質問例を示したものである。

1)の情報探索質問とは，特定の主題に関する事実情報等を求めるような質問である。例にある「宮澤賢治の経歴について知りたい」という質問は，「宮澤賢治」という主題について，その経歴という情報が要求されているものとなる。

2)の文献探索質問については，三つの類型に分けることができる。第一に「書誌的事項質問」である。これは，書誌的事項が不明な文献について，その書誌的事項を知るために提示された質問である。例にある「宮澤賢治の書いた童話にどのようなものがあるか，知りたい」という質問は，「宮澤賢治の童話」という主題について，その「書誌的事項（ここでは，書名，出版者，出版年，ページ数，ISBN等）」を求める質問といえる。このように，書誌的事項質問とは，たとえば著者や書名（の一部）がわかっているが，その他の書誌的事項質問がわからないような場合に提示される質問である。

第二に「主題探索質問」であるが，これは特定の主題を扱っている文献を知るために提示された質問である。例にある「宮澤賢治の童話に関する研究図書を知りたい」という質問は，「宮澤賢治の童話に関する研究図書」という主題について，その書誌的事項を求める質問である。この質問では，「宮澤賢治」という人物が主題となっている。このように人物あるいはその人物の作品を扱

っている図書の場合，書誌・索引では，通常，その人物自体あるいは作品名自体が件名標目として設定されている。

　ここで注意すべきことは，宮澤賢治の著作の検索と，宮澤賢治あるいはその作品に関する文献の検索の違いである。前者の場合，「著者」という検索項目を使って検索するのに対して，後者の場合，原則として「件名」という検索項目を使って検索することになる。当該書誌・索引において，「件名」という検索項目が設定されていない場合には，「書名」という検索項目を使って検索することになる。主題探索において書名を手がかりにする理由は，書名の一部に「宮澤賢治」が含まれているような図書（たとえば，佐島群巳著．『宮澤賢治の環境世界』国土社，2014，199p）は，宮澤賢治あるいはその作品について取り上げた図書の可能性が高いからである。ただし，ここで注意すべきことは，書名の一部に「宮澤賢治」という語句が含まれていない図書であっても，宮澤賢治（あるいはその著作）に関する図書は多数あり得る，という点である。このような図書は，「宮澤賢治」という件名標目が設定されていない書誌・索引では検索できないことになる。

　第三に，「所蔵調査質問」であるが，これは，特定の図書が図書館に所蔵されているかどうかを知ろうとして提示された質問である。この質問は実際に当該図書を入手し，利用したいという要求に基づいて提示された質問といえる。この所蔵調査質問については，書誌的事項質問や主題探索質問への回答をもとに，提示されるケースが多いことに注意する必要がある。あるいは，所蔵調査質問が提示された場合，求められている図書の書誌的事項の一部が不明な場合，不明な書誌的事項を同定したうえで，所蔵調査質問にあたる必要がある。

　3)の「探索法質問（調べ方）質問」であるが，これは，児童生徒自身が自ら必要な情報や文献を探索しようと考え，探索法に関する知識やスキルを知るために提示する質問である。

　ところで，学校図書館のレファレンスサービスにおいては，児童生徒から「情報探索質問」と「文献探索質問」が提示された場合であっても，原則として，その質問に直接回答するのではなく，その探索法（調べ方）を回答することが望ましい。というのは，探索法に関する知識やスキルに関する回答の提供

を受けることにより，以後，児童生徒が必要な情報や文献を自ら探索できる能力を獲得することが期待できるからである。

　たとえば，上記の「宮澤賢治の経歴について知りたい」という情報探索質問に対しては，「ある主題分野の人物（ここでは，文学者）の経歴について知りたい」という質問に一般化したうえで，その質問への回答を得るための情報源の類型とその類型に属する具体的なレファレンス資料について回答するのである。具体的には，「人名事典」や「専門事典」という類型の情報源を選択すること，そして，その類型に属する具体的な情報源として『講談社日本人名大辞典』（講談社），『新潮日本文学辞典』（新潮社），『日本近代文学大事典』（講談社）等があることを紹介するのである。さらに，各レファレンス資料から特定の人物（ここでは，宮澤賢治）に関する経歴情報を得るために使用する検索語（索引語，見出し語）とそれを使った情報検索法について説明する必要がある。

　このように，「主題領域の確定→要求事項の同定→情報源（レファレンス資料）の類型の選択→当該類型に属する具体的なレファレンス資料の紹介→検索語の選定と使用法」という手順で示し，説明していくことになる。

　さて，文献探索質問は以上のとおり3種類あり，要求事項は書誌的事項質問と主題探索質問が「書誌的事項」であるのに対して，所蔵調査質問では「所蔵図書館」となる。これを踏まえて，前者の書誌的事項質問と主題探索質問については「書誌」という類型の情報源を選択し，所蔵調査質問に対しては「蔵書目録」・「総合目録」を選択する必要がある。

　さて，表9-2に示したように，書誌にはいくつかの種類（類型）があるが，最も包括性がある書誌が「一般書誌」である。ここで一般書誌とは，分野を限定せず，あらゆる分野の図書を収録対象とし，その書誌的事項をリストし，著者，書名，主題等を手がかに求める図書を検索できるようにしている情報源である。「宮澤賢治の書いた童話にどのようなものがあるか，知りたい」のような書誌的事項質問については，原則としてこの「一般書誌」を選択するよう指導する。次いで，一般書誌に属する具体的なレファレンス資料を選択することになるが，ここでは，最も包括性があり，多様な検索機能を備えた一般書誌である「NDL-OPAC」を選択する。なお，「NDL-OPAC」は国立国会図書館の

蔵書目録でもあることを付言する。

　具体的なレファレンス資料が選択できたならば，次に回答を得るために使用する検索語を選定する。一般書誌を使って書誌的事項質問への回答を得るための検索語は，主題を構成している要素として示されている書誌的事項を利用する。「宮澤賢治の書いた童話にどのようなものがあるか，知りたい」という書誌的事項質問では，主題は「宮澤賢治の書いた童話」となるが，この主題の構成要素である「宮澤賢治」という著者を検索語として選択すればよい。

　なお，児童生徒が書誌的質問を提示した場合には，原則として，直接回答するのではなく，上述のような回答を得るためのプロセスと情報源について案内・指導する必要がある。

　次に「宮澤賢治の童話に関する研究図書を知りたい」という主題探索質問が提示された場合の回答について見ていきたい。主題探索質問については，質問の主題の構成要素に含まれている主題に応じた情報源の類型を選択することになる。上記の質問例では，質問の主題は「宮澤賢治の童話に関する研究図書」であり，その主題を構成する主題は「宮澤賢治」である。宮澤賢治は人物であり，文学者であるから，人物を主題とする書誌（「人物書誌」）と日本文学を主題とする書誌（「主題書誌」）の二つの類型の情報源が選択される。ところで，「一般書誌」は人物や日本文学を含むあらゆる分野の図書を収録対象としているから，「一般書誌」の選択も可能である。

　次に，選択された情報源の類型に属するレファレンス資料を選択する。「人物書誌」に属するレファレンス資料としては『人物文献目録』が，「主題書誌」に属するレファレンス資料には『日本文学研究文献要覧』が，それぞれあげられる。いずれのレファレンス資料も，検索語として「宮澤賢治」を選定し，索引が用意されている場合には索引（ここでは，「宮澤賢治」）から検索したうえで，見出し項目のもとに示されている童話の書誌的事項を確認する。「一般書誌」の「NDL‒OPAC」を選択した場合，「件名」という検索項目を選定し，「宮澤賢治」を検索語として入力し，検索を実行することになる。

　なお，児童生徒が主題探索質問を提示した場合，原則として，直接回答するのではなく，上述のような回答を得るまでのプロセスと情報源について案内・

指導する必要がある。

　ところで，先に取り上げた書誌的事項質問と主題探索質問の主題が雑誌記事・論文の場合には選択すべき情報源は「雑誌記事索引」，新聞記事の場合には「新聞記事索引」となる。また，質問の主題が雑誌や新聞の場合には，「逐次刊行物書誌」を選択する。それぞれの情報源に属する主なレファレンス資料は表9-2のとおりである。

　最後に，所蔵調査質問を取り上げる。この質問の主題は特定の図書であり，要求事項はその所蔵図書館である。この所蔵調査質問に回答するために選択される情報源は一つの図書館の所蔵図書を調べる場合は「蔵書目録」，複数の図書館に所蔵されている図書を調べる場合は「総合目録」となる。原則として，まず自校の学校図書館に所蔵されているかどうか調べ，所蔵されていない場合に，「総合目録」が選択される。この総合目録に属するレファレンス資料が「国立国会図書館サーチ」である。

　「宮澤賢治の童話『風の又三郎』は図書館に所蔵されているか」という所蔵調査質問の場合，主題は「宮澤賢治の童話『風の又三郎』」であり，要求事項が所蔵図書館である。まずは，情報源として，自校の学校図書館の蔵書目録を選択する。検索語は，主題を構成している要素である書誌的事項の著者「宮澤賢治」と書名『風の又三郎』である。自館の学校図書館に所蔵されていない場合，当該学校が設置されている自治体の他の学校図書館，公共図書館のそれぞれ蔵書目録を選択し，所蔵の有無を確認する。いずれにも所蔵されていない場合，「国立国会図書館サーチ」を選択し，「公共図書館蔵書」を選択し，所蔵図書館を確認することになる。

3．レファレンス協同データベースの活用

　学校図書館で実際に受け付けたレファレンス質問とその回答プロセス（以下，レファレンス事例）は，学校図書館のレファレンスサービスおよび図書館の情報資源が児童生徒の学習活動とどのように関わり，学習の展開を支援しうるのかを把握するうえで重要なデータを提供するものである。また，図書館の情報

資源を活用した他校の学習活動を相互に共有する学習情報としても活用することができる。

　国立国会図書館では，図書館のレファレンス事例を収集・蓄積し，広く公開することを目的に，レファレンス協同データベース事業を実施している[1]。この事業に参加している図書館は主に全国の公共図書館と大学図書館だが，その数は少ないものの，学校図書館関係機関も含まれている。

　このレファレンス協同データベースには，レファレンス事例と調べ方マニュアルが蓄積されており，レファレンスサービスにおける質問回答サービスや探索法の案内・指導に参考となる情報が掲載されている。

　レファレンス事例データベースには，次の項目等に関する情報が収録されている[2]。

① 質問内容……利用者が提示した質問。
② 回答……質問に対して，図書館が提供した回答の内容。
③ 回答プロセス……図書館が回答を提供するまでに，調査した内容。

　表9-4は，学校図書館とその関係団体がレファレンス協同データベースにレファレンス事例として登録した質問内容と登録図書館・団体名を示したものである。

　No.1からNo.6の質問事例はいずれも「主題探索質問」に該当するものである。No.7の質問事例はある特定の雑誌記事を求めている質問であるが，この質問はその記事が掲載されている雑誌の該当巻号の所蔵調査が必要となることから，「所蔵調査質問」に該当するものである。

　No.1からNo.6の質問は，求める資料の主題を示すだけでなく，そうした資料を必要とする理由や背景，資料の利用目的などが同時に示されていることに注意したい。たとえば，No.1の質問では，「対象は34人×7クラスだが，今回は「図書館で調べることの手始め」として，90分授業の時間中に調べて書き，

1：国立国会図書館「レファレンス協同データベース」http://crd.ndl.go.jp/reference/,（参照2015-03-18）．
2：国立国会図書館「レファレンス協同データベースとは？：レファレンス事例」http://crd.ndl.go.jp/jp/library/index.html#reference,（参照2015-03-18）．

表9-4　学校図書館におけるレファレンス質問事例

NO	機関	質問
1	神奈川県学校図書館員研究会	わかりやすい原子力発電関連の資料を探している。「原子力発電」「放射能」「代替エネルギー」等について、ぱっと見てわかりやすく、生徒が手に取りやすい、雑誌も含めた資料。対象は34人×7クラスだが、今回は「図書館で調べることの手始め」として、90分授業の時間中に調べて書き、次の授業で何人かが発表するというもの。90分間1本勝負なので、できるだけ手に取りやすい資料を揃えたい。
2	灘中学校灘高等学校図書館	夏休みの課題レポート（地学）のため、「コロンビアマンモス」限定で調べたい。
3	京都女子大学附属小学校図書館	秋の読書まつりの「読みあい」に必要なので、自転車が出てくる本で魔法みたいなお話で10分から30分で読めるものをおしえてください。（2年生児童）
4	東京学芸大学学校図書館運営専門委員会	衣服を対象として歴史をとらえる。平常の授業とは異なる視点から文化史を読み解ける資料の提供をお願いしたい。（高校2年生の総合の授業）
5	東京学芸大学学校図書館運営専門委員会	人権についてのグループ学習を予定しているので資料の準備をお願いします。（中学校3年社会の授業）あらかじめ設定したテーマは以下のもの。死刑制度の是非・靖国神社参拝問題・君が代問題・外国人の選挙権・女性の仕事と子育て・夫婦別姓・知的障害者の統合教育・犯罪事件における実名報道について・安楽死，尊厳死について・空港の騒音問題。事前に設定したテーマについて、簡単に自分の考えを書き、どちらの立場に現在あるかを記入してもらったうえで、自分が調べてもいいテーマをいくつかあげさせて、先生がそれをもとにグループを決定。生徒は自分達が選んだテーマについて本とインターネットを使って調べて、発表する予定とのこと。
6	東京都立高等学校学校司書会	授業でディベートがある。その準備のための死刑に関する本を探しています。
7	長野県諏訪二葉高等学校図書館	雑誌「テアトロ」の1995年10月号 No634所収「たたかう女」坂手洋二が読みたい。

（出典：国立国会図書館「レファレンス協同データベース：レファレンス事例」http://crd.ndl.go.jp/reference/，（参照2015-01-02）．)

次の授業で何人かが発表するというもの」というように，求める資料が必要となった状況とその資料の利用目的が詳細に述べられている。また，No.5の質問では，「人権についてのグループ学習を予定している……生徒は自分達が選んだテーマについて本とインターネットを使って調べて，発表する予定」としており，資料が必要な理由と資料利用の目的が詳述されている。

これは，適切な回答を得るためには，利用者は，司書教諭に目的や資料が必要となった状況や動機等に関して説明する必要があると判断していることを端的に示している。

このように，司書教諭は，質問を受け付ける場合，単に求める情報資料の主題だけでなく，目的や理由などについて把握することが，適切な回答の提供にあたって重要となるのである。利用者から提示された質問の内容に目的や理由などに関する説明が含まれていない場合には，司書教諭は利用者にインタビューを行い，目的や理由に関する情報を利用者から得ることを心がける必要がある。なお，レファレンスサービス（質問回答サービス）において司書教諭が利用者に実施するインタビューのことを「レファレンスインタビュー」という。

さて，調べ方マニュアルに関するデータベースでは，以下の主な項目に関する情報を収録している[3]。

① 調べ方テーマ……調べ方マニュアルが取り扱っているテーマやトピックの内容。とり上げられているテーマやトピックは，図書館に実際に寄せられている質問などを参考に，利用者の情報ニーズの高いものがとり上げられている。

② 調べ方……そのテーマの調査を行う際に，まず参照すべき基本資料を掲載。

表9-5は，調べ方マニュアルに関するデータベースに学校図書館とその関係団体が登録した事例の調査テーマの例を示したものである。

調査テーマはいずれも主題探索質問に該当するものであるが，主題探索質問に直接回答するのではなく，「調べ方」の項目には参照すべき情報源を中心に調査プロセスが記述されている。

3：国立国会図書館「レファレンス協同データベースとは？：調べ方マニュアル」http://crd.ndl.go.jp/jp/library/index.html#manual,（参照2015-01-02）.

表9-5　学校図書館における調べ方マニュアルの調査テーマ例

NO	学校図書館・関係団体	調査テーマ
1	神奈川県学校図書館員研究会	環境についての本／保健の課題学習。テーマは大気汚染・水質汚濁・土壌汚染・産業廃棄物・ごみ処理・環境汚染の防止・上下水道の整備　なるべく新しい出版年のもの
2	神奈川県学校図書館員研究会	「壬申の乱」について調べられる本／郷土史かながわの授業で利用するための資料。乱に関係する人物や，なぜおきたのか，など。
3	神奈川県学校図書館員研究会	地理のレポート作成／オーストリア，スイス，タイ，シリア，アイスランド，トルコについて，基本データ（人口，地理，産業，政治制度，観光など）や興味のあることをまとめる。
4	神奈川県学校図書館員研究会	沖縄に関する本／沖縄修学旅行に関する調べ学習のためのブックリスト（所蔵一覧）。テーマはガイド・全般，自然・写真集，文化・芸術・風俗・言葉，食，社会・歴史，戦争，小説・エッセイ
5	灘中学校灘高等学校図書館	僕らの生活の中のナノテク　（灘校図書館パスファインダー　高1・家庭科）

（出典：国立国会図書館「レファレンス協同データベース：調べ方マニュアル」http://crd.ndl.go.jp/reference/. （参照2015-01-02）.）

　以上，レファレンス協同データベースを取り上げてきたが，データベースで紹介されているレファレンス事例を通して，他校における図書館の情報資源を活用した学習活動を知ることができ，自校における図書館による学習支援を検討するうえで重要な手がかりとなるものである。同時に，自校の取り組みを他校に紹介する機会ともなり，図書館を活用した学習活動の共有化につなげることもできる。

4．まとめ

　児童生徒の個々の学習を支援するレファレンスサービスの提供は司書教諭に求められる最も重要な役割である。レファレンスサービスを担う司書教諭には，

レファレンス資料を中心とする情報資源についての豊富な知識とその検索法，さらには児童生徒の学習要求を把握するインタビュー技術が求められる。こうした知識と技術の習得のためには，図書館情報学の一分野である情報サービス論に関する学習をさらに進めていく必要がある。

第10章
教職員のための学校図書館活用への
アプローチ

　本章では，学校図書館を活用するにあたり，司書教諭として授業者や学校司書に対して，何をどのように働きかければよいのかを見ていく。また，学校図書館を活用した教育を展開するうえで必要となる学校体制や経営計画について取り上げる。すなわち，第11章と第12章で紹介する学校図書館を活用した教育活動を実現するために必要となる学校図書館環境の整備について，市川市の事例を中心に解説する。具体的には，学校図書館支援センターが主導する公共図書館を含めた図書館間の連携協力体制が，学校図書館を活用した教育実践に必要な基盤となることを示す。

1．教育課程の展開に寄与する学校図書館活用

　学校図書館は，重要な学校設備のひとつであり，学校教育の中で児童生徒に生きる力を育むために有効に活用すべき場所である。
　ここでは，学校図書館法第二条に規定された，教育課程の展開に寄与し，児童生徒の健全な教養を育成するという目的を達成させるための学校図書館活用とは，どのようにあるべきかを考える。

(1) 教育課程を踏まえた学校図書館活用
　小学校では「図書」の時間という言葉を耳にすることがあるが，学校教育法施行規則に規定されている教育課程の中に「図書」はない。「図書」の時間は，『学習指導要領』における教科等の目標を達成させるために，学校図書館を授

業で活用する時間である。したがって授業者は，学習指導計画に基づき，学校図書館の活用によって学習効果が期待できる学習場面を選び，児童生徒の実態を考慮して有効に活用することが重要である。学校図書館の有効な活用は，教科等の目標を達成させるだけでなく，児童生徒の学習意欲を高め探究的な学習へと発展させる手立てとなる。司書教諭や学校司書は授業者と共に，児童生徒が自ら課題を持ち学校図書館を活用して必要な情報を収集し，解決の糸口を見つけて考察に至るまでの探究の過程を支えていくことが大切である。学習指導計画における学校図書館の活用は，以下の四つの場面に分けて設定し，学習内容に応じて選択する。

① 学習の始め……学習の導入前または導入時に，学習への意識付けや学習意欲を喚起させるための活用。
② 学習の途中……学習中に生じた課題を解決するための活用。
③ 学習と同時進行……教科書の教材と並行して行う活用（並行読書）。
④ 学習の終わり……学習のまとめおよび発展的な学習としての活用（発展読書）。

これらの学習場面で学校図書館を有効に活用することにより，児童生徒は生きる力である確かな学力や豊かな人間性を身に付けるのである。

学校図書館は教科等の目標を達成させるために，学習効果の期待できる場面で活用する場所であるため，すべての学習で必要とされるわけではない。授業者による学校図書館活用の有無や活用する場面の選択が，少なからず学習効果に影響を及ぼすことにも注視する必要性がある。

（2）司書教諭と学校司書の連携

司書教諭と学校司書は，車の両輪のような存在である。学校図書館活用の充実を図るためには，学校司書を配置し，両者を連携させることが必須であり，その実現には綿密な打ち合わせが必要となる。

しかしながら司書教諭は，担任との兼務である事が多く児童生徒が下校する放課後まで学級を離れることはできない。学校司書は自治体によって勤務時間が異なり，多くは授業終了時までの勤務となるため放課後の勤務はない。そこ

に，両者の物理的なすれ違いが生じ，打ち合わせの時間を十分に確保することが難しい。学校図書館を有効に活用するためには，学校司書の勤務時間内に打ち合わせの時間を確保したり，打ち合わせができない時に情報共有するためのファイルを用意したりして，お互いに意思の疎通が図れるような工夫が必要である。司書教諭と学校司書が連携し，授業者の指導内容を十分に理解して授業に関わることで，児童生徒の学習意欲が向上し，教科書だけでは得られないより質の高い授業が可能となり，教育課程の展開に寄与する学校図書館活用が実現するのである。

2．児童生徒に「生きる力」を育むための学校図書館の構築

　児童生徒の生涯にわたる学習の基礎となる自ら学び，考え，行動する力を備え「生きる力」を育む学習を支えるためには，学校図書館をどのように構築すればよいのだろうか。ここでは，教育課程を踏まえた学校図書館の構築について考える。

(1) 学校教育目標および児童生徒の実態に基づいた学校図書館経営全体計画

　学校では，学校教育目標を具現化し目指す子ども像を実現するために，研究テーマを掲げて授業研究が行われている。『学習指導要領』に基づいて作成された教科書を使用する場合，各学校の授業内容に大きな違いはみられないが，学習指導計画は，学校ごとに編成された教育課程に研究を加味して作られるため，学校図書館に排架する図書資料も学校の計画に応じて準備する必要がある。

　まず初めに司書教諭は，「学校図書館経営全体計画」（図10-1）を作成し，学校生活における学校図書館活用の位置づけを明確にすることが重要である。

　次に学校図書館を活用する学習場面を選定して，学習に必要な図書を選書しなければならない。選書は，司書教諭だけでなく学校司書を始め授業に関わるすべての教職員で行うことが重要で，司書教諭はそれらのとりまとめを行うのである。その際，学校図書館がすべての学習活動に対応できるように，全体の

2．児童生徒に「生きる力」を育むための学校図書館の構築 | 141

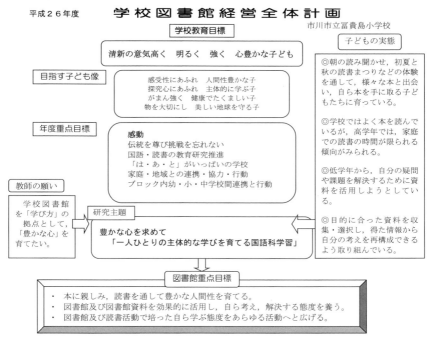

図10-1　市川市立冨貴島小学校　学校図書館経営全体計画その１

蔵書構成について著しい偏りがないように考慮する必要がある。例えば，理科を中心に研究を行う学校では『日本十進分類法（NDC：Nippon Decimal Classification）』（以下，NDC）の４類の図書が多くなり，読書教育に重点を置く学校では９類の図書が多くなる傾向があるため，学校の実態を踏まえつつも，蔵書全体の配分比率を考えていかなければならない。

全国学校図書館協議会の示す「学校図書館メディア基準」による蔵書の配分比率は図10-3のとおりであるが，ここに小学校の蔵書に多く見られる絵本（別置記号Ｅ）を，主題をもとに分類して加えた場合，この配分比率に近づけるのは難しい現状がある。

市川市では，学習で図書を活用する際に絵本にも分類が必要であると考え，絵本の請求記号はＥ表記だけでなく，NDCを併用して蔵書配分比率に反映さ

	1年	2年	3年	4年	5年	6年
読書のめあて	やさしい本を楽しんで読める。	やさしい本を進んで読める。	いろいろな作者の本を読める。	いろいろな種類の本（何類）を進んで読める。	読書を通して考えを深める。	読書の習慣を身につけ，本を通して考えを深める。
活用のめあて	図書館の基本的な利用の仕方がわかる。		図書館の利用の仕方や図書の検索の方法がわかる。		参考資料を適切に活用するための方法がわかる。	

各教科	道徳	特別活動	総合的学習	その他
・読書への興味関心を持ち，読書習慣を身につける。 ・学習に必要な情報源として，図書資料を活用する。 ・一人一人の子どもが，目的や自分にあった本を選択する。 ・一人一人の子どもが，自分の学習課題を解決する意欲を持つ。	・読書を通して人間の在り方や生き方を考える。 ・資料を通して多様な価値に触れ，自己の価値観を広げる。 ・読書経験を通して豊かな人間性を培う。	・学校図書館を進んで活用する。 ・読書まつりを中心とした学校行事に進んで参加する。	・課題解決に進んで図書を活用する。 ・読書まつりの計画を立てる中で図書を活用する。	・朝の読書活動に進んで取り組む。 ・一人読書，グループでの紙芝居の発表など工夫して読書活動に取り組む。

図10-2　市川市立冨貴島小学校　学校図書館経営全体計画その2

せている。特に小学校では9類の比率が高くなる傾向にあるため，9類についてのみ「50％を超えない」という基準を設けて，すべての学習活動に対応できるよう配慮している。これによって児童生徒の探究型の学習においても，さまざまな分野の課題に対応できる学校図書館の蔵書構成となるのである。

　学校図書館の排架は，原則として請求記号に基づいて行っているが，使用する教室の床面積や書架の形状および配置，児童生徒の利用状況等によって，学

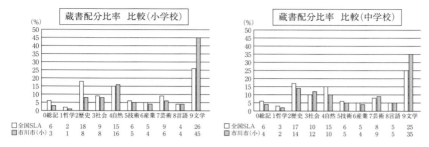

図10-3　全国学校図書館協議会と市川市学校図書館の蔵書配分比率の比較

校独自の工夫が必要になることがある。その場合，児童生徒が義務教育を卒業して社会人となることを考慮し，できる限り公共図書館に準じた排架を心掛けることが大切である。自校の学校図書館だけでなく，卒業後も公共図書館等で自分が必要とする図書資料を収集し，生涯学び続ける社会人としての資質を養うことが「生きる力」に繋がると考えられるからである。

（２）学校図書館チェックリストを用いた学校図書館経営と学校体制の推進

　学校図書館が教育課程の展開に寄与し，児童生徒の健全な教養を育成する場となるためには，学校ごとの特色を踏まえつつも一定の基準を設けて構築する必要がある。文部科学省の示す「学校図書館図書標準」はそのひとつであるが，これは蔵書冊数の基準であって，その他の内容については示されていない。

　そこで学校図書館を経営するにあたり，自校の学校図書館が教育課程の展開に寄与するために必要な条件を備えているかを客観的に確認するために，市川市では「市川市版学校図書館チェックリスト」（表10-1）を配付して，全校の学校図書館経営の状況を把握している。チェックリストの項目には，児童生徒や教職員が利活用しやすい環境を整えるために，自校の学校図書館経営に必要な内容を盛り込んでいる。常にチェックリストを意識しながら経営することで，学校図書館機能の充実が図られ，すべての学校図書館が同じ基準に依拠して構築されていくのである。

　チェックリストの中で，見逃してはならない項目のひとつに，蔵書点検がある。これは生徒指導の観点からも大切な作業で，蔵書点検後に確認される不明

表10-1　市川市版 学校図書館チェックリスト

市川市教育センター発行　市内全小・中・特別支援学校対象

市川市版　学校図書館チェックリスト

市川市立○○学校

校長　市川　太郎　　印

		該当する項目に「1」を付けてください。	1	備　考
組織	1	校内に学校図書館部がある（学校図書館について話し合う部会がある）		
	2	その構成メンバーは_____で合計____名である ［例］：司書教諭，学校図書館員，各学年1名で合計8名		
	3	研究推進委員会に司書教諭が組み込まれている		研究教科（　　　　）
	4	司書教諭や図書主任が，学校図書館を教育活動に広く利用するようはたらきかけている		
運営方針	1	図書館活用全体計画がある（成文化されている）		
	2	その全体計画は職員会議の承認を得ている		
	3	「こども読書の日」（4月23日）について知らせている		
	4	ネットワークシステムや物流日程について教職員に周知している		
資料	1	資料収集方針が決まっている（成文化されている）		
	2	資料収集方針は職員会議の承認を得ている		
	3	資料の発注は必要に応じて年に何回かに分けて行なっている		
	4	多様な資料に目配りするために，案内や情報をチェックしている		
	5	雑誌は定期的に購入している		種類
	6	新聞を購入している（無償で配られている新聞以外）		新聞
	7	CD・CD-ROM・DVD・ビデオ等視聴覚資料を購入している		
	8	資料を利用するための設備は整っている		
	9	切りぬき・ファイリングをしている		
	10	紙芝居は，データにして管理している		
	11	蔵書点検を行っている（年1回行う）		月に行う
	12	※インターネットを図書館で利用することができる		
閲覧	1	利用者は在校中いつでも利用できる（利用者：児童・生徒，教職員）		
	2	開館時間の案内がある		
	3	開閉館のわかりやすい案内がある		
	4	長期休業中に開館の予定がある		
	5	主たる図書室（または閲覧室）に1クラス分以上の座席が確保してある		
	6	ブラウジングスペース（雑誌を読むようなくつろぎのコーナー）がある		
	7	図書ラベルはNDCに準じた3桁である 絵本もNDCに準じて3桁に分類してある（E表示のみは，不可）		
	8	図書の排架は原則としてNDCに準じている		
	9	書架見出しなど書架には適切な案内がある		
	10	新着図書のコーナーを設けている		
	11	新着図書以外の展示コーナーを必要に応じて設けている		

2．児童生徒に「生きる力」を育むための学校図書館の構築　|　145

分類		項目		
貸出	1	小学校のみ記載　：　1年生の貸出開始月はいつですか		月から
	2	閉館中に利用者が資料を返却することができる		
	3	利用者は開館時間中いつでも本が借りられる		
	4	雑誌は貸出可能である（最新号は除く）		
	5	予約サービスをおこなっている		
	6	個人のリクエストでも他の図書館から資料を借りている		
	7	図書館ネットワークで他校からの依頼に積極的に応じている		
レファレンス	1	レファレンスには他の仕事より優先して対応する		
	2	レファレンス記録をとっている		
	3	利用者が相談しやすい雰囲気を作っている		
	4	図書に関する相談のための情報は日頃から集めている		
教育活動への援助	1	教職員への図書館案内をしている		
	2	教職員と図書館利用のための打合せをしている		
	3	児童・生徒への利用者教育を行なっている		
	4	他校や公共図書館から資料を収集している		
	5	資料の別置やブックリストの作成を行なっている		
	6	担任の学習計画に基づいて，読みきかせやブックトークを行なっている		
	7	授業での利用記録をとっている（学級単位利用がわかるもの）		
	8	自校の教育活動に合わせた蔵書構成を心がけている		9類が50％を越えない
	9	保護者・地域ボランティアを活用している（はいの場合は以下も記入）		団体名
		◎はいの場合：ボランティア対応は誰が行っていますか	担当者　職名	
		◎はいの場合：活用の際の注意規定はありますか（成文化されている）		
広報	1	利用者が，図書館に親しみやすい雰囲気を作っている		
	2	図書館からのおたよりを月1回程度配布している		年間　　回
	3	職員向けに図書館だよりをつくっている		
	4	図書館以外の場所にPR掲示をしている		
	5	放送などの手段を使ってPRをしている		
その他	1	パソコンはワイヤーを通して，机などにつなぎ施錠してある		
	2	※図書館に外線に繋がる電話，カラープリンター，コピー機（スキャン機能を含む）がある		
	3	ID・パスワードは，児童・生徒や外部者に分からないように管理されている		
	4	不明図書数について1回目（　）冊：2回目（　）冊：3回以上（　）冊	合計	冊（100冊以下に）
行事	1	読書週間（月間・旬間）を行なっている	期間	
	2	朝読書（一斉読書）等を行っている		
	3	講演会・読書集会等の読書行事（イベント）を行なっている		月
		（具体的に：講師名など）		
課題（来年度へ向けて）				

年度初め：自己評価　　　　年度末：自己評価→教育センター提出　　　市川市立〇〇学校
※市川市では，全校に設置してあるためチェック項目にはありません。

図書（貸出履歴がなく紛失の可能性の高い図書）は，目には見えない児童生徒の変化を知るきっかけとなる場合がある。不明図書数が急激に増えた場合，児童生徒の生活状況に何らかの変化が生じている事が予想され，学校として早急に対応する必要がある。そのため，学校図書館の経営は司書教諭を中心とした「校内組織」（図10-4）として学校の校務分掌の中に位置づけ，校長の采配のもと，学校司書やその他の教職員と共に校内体制を整えて，対応することが重要である。学校図書館に関する情報は，司書教諭だけでなく教職員間で常に共有し，小さな変化も見逃さないようにすることも大切な学校図書館経営のひとつである。

さらに，学校図書館の経営状況を把握する上で，児童生徒の実態調査や学校図書館に関する実態調査も大切な機能のひとつである。児童生徒の貸出冊数や読書傾向についての実態調査は，他と比較するものではなく個人の学習の記録として，読書量の増減やさまざまな分野への広がり等を把握し，児童生徒の自ら学び，考え，行動する力を育てるための指導に生かすものとして重要である。また，「学校図書館の活用が減少する。読書傾向に広がりが見られない」等の

図10-4　市川市学校図書館運営校内組織体制

課題が見つかった場合は、司書教諭を中心に管理職と共に改善に向けた対策を立て、全教職員で関わることによって学校図書館活用のさらなる推進が図られるのである。学校図書館に関する実態調査とは、授業や行事等で学校図書館を活用した時間数や単元数を調べることを指す。これによって、司書教諭が学校全体の活用傾向を把握し、利活用の進まない教諭に対して、学校司書とともに働きかけを行い授業支援に繋げることができる。

児童生徒の実態と学校図書館活用の実態の両方を知ることで、司書教諭が、児童生徒への支援だけでなく教師への支援も行うことが可能となる。

（3）公共図書館や博物館等の関係機関との連携

児童生徒が探究型の学習を進める場合、課題解決の過程で学校図書館の図書やインターネット上の情報検索だけでは解決できない問題が生じてくる。そのような場合は、地域の公共図書館や博物館等と連携して、児童生徒が望む資料を収集する必要がある。公共図書館は多様な郷土資料を備えており、多くの課題の解決に繋がる可能性が高い。しかし郷土資料には、教育課程外の内容も多く含まれていることから、児童生徒が理解するには難しいものも少なくない。そこで、補助資料として自治体が発行するパンフレットや小冊子等、児童生徒が理解しやすく手軽に利用できる資料を準備することも必要である。

また、博物館等とも連携し、学芸員から直接指導を受けることも有効である。児童生徒の課題解決のためには、学校図書館活用だけでなく、学芸員に来校してもらったり児童生徒が取材に出向いたりという人材活用も重要な選択肢のひとつに挙げられる。

3．市川市学校図書館支援センターの実践

市川市では教育委員会内に市川市学校図書館支援センターを設置し、学校図書館経営全体を支援しながら利活用を推進すると共に、学校図書館と公共図書館およびその他の関係機関を繋ぐコーディネーターとしての役割を果たしている。

現在，司書教諭や学校司書は，先述のとおり，学校図書館には，司書教諭に加えて学校司書を配置することが望ましいとされているが，各校に配置される人数はそれぞれ1名となる場合が多い。そのため，学校図書館経営や活用のための支援方法等についての悩みを一人で抱えてしまう可能性が否定できない。このような状況を作らないために学校図書館経営は，すべての教職員で関わることが大切であることについては本章2で述べたが，ここでは，市川市学校図書館支援センターの学校図書館支援の実践について述べる。

（1）公共図書館との連携による学校図書館支援

　市川市では，公共図書館と学校（園）および学校（園）間を結ぶネットワークシステム（図10-5）が構築されており，メール一つでお互いが所有する図書を相互に貸借できる体制が整えられている。自校（園）が希望する図書の情報は，メーリングリストの活用により一斉に市内の全公立幼稚園・小学校・中学校・特別支援学校・公共図書館に配信される。

　これを受けて各学校（園）および公共図書館は，市川市学校図書館支援センターが手配した，市内を週2回巡回している図書配送車を使って，それぞれが希望する図書の貸出や返却を行う事ができる。市川市では，自校にいながら望む図書資料を簡単に手にすることができるのである。

　また，市川市の公共図書館では「市民のための図書館運営に努め，たゆまぬサービスの向上をとおして，市民がいつでも，どこでも，誰でもが情報を得て学ぶことができ，また学習成果を発揮できるような環境を整備し，住みよい地域社会の形成に，さらには地方自治の基盤である市民の自立を支える」『市川市の図書館2014』（市川市立図書館）という基本方針のもと，積極的な学校支援を行っている。一般貸出は行わない学校図書館専用の図書を8,000冊保有しており，利用の多い図書は副本を揃えたり，学校では購入が難しい高額な図書を保有したりして，児童生徒の学習に役立てるために常に準備をしている。学校図書館専用図書だけで対応できない場合は，一般貸出用図書の中からも図書を提供し，児童生徒の学びを強力に支えている。その他に学級文庫と呼ばれるセット貸出用図書を3,000冊準備し40冊ずつ箱にいれて，半年ごとの長期貸出

3．市川市学校図書館支援センターの実践 | 149

市川市立公共図書館と学校とを結ぶネットワーク

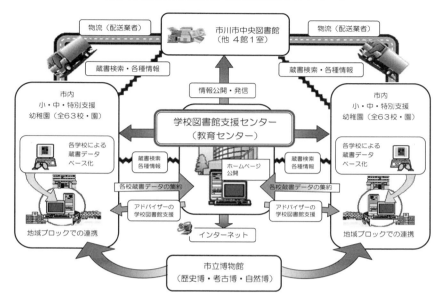

図10-5　市川市学校図書館ネットワークシステム

も行い，児童生徒の読書生活も支えている。

　また，司書教諭や学校司書等からの相談やレファレンスの依頼にも随時対応し，大きな信頼を得ている。さらに，キャリア教育の一環として，児童生徒の職場体験も受け入れ，未来の司書や利用者の育成にも携わっている。

　このように，市川市では学校図書館支援センターを中心に公共図書館と学校（園）とが一つの輪となって，全体を一つの大きな図書館と考え，児童生徒の学びを多くの手で支えているのである。

（2）市川市学校図書館支援センターの支援体制および研修内容

　市川市学校図書館支援センターには，学校図書館アドバイザーを配置しており，担当指導主事と共に学校図書館経営について，司書教諭や学校司書に対して日常的な支援をしたり必要に応じて助言をしたりしている。また，授業研究

会等にも参加して、学校図書館活用について学校ごとの指導も行っている。

さらに、司書教諭や学校司書に対して職務別研修を定期的に行い、それぞれの職務における学校図書館活用のスキルアップを図っている。また、司書教諭と学校司書は本章1の（2）で述べたとおり車の両輪であるため、それぞれの職務別研修だけでなく、学校図書館経営や活用について一緒に研修する機会を設けて、共通理解を図っている。

その他に、校長や教頭に対して学校図書館活用への理解を深めるための通知を行うとともに、若年層教諭に対して教育委員会で作成した学校図書館活用に関する研究紀要等の配付をしたり、学校図書館活用のための研修を行ったりして、学校図書館活用に関する校内体制の充実や指導力の向上を図っている。

市川市学校図書館支援センターが日常的に支援し、定期的に研修を行うことで、司書教諭や学校司書は孤立することなく職務に専念することができ、学校内で他の教諭に対して学校図書館活用を積極的に広げていくことが可能となる。

（3）個人情報の取り扱いについて

学校図書館において「図書館の自由に関する宣言」は、守られるべきである。

しかし、学校では授業者が利用指導を行ったり、学習における読書傾向等を把握したりする必要があるため、児童生徒の個人情報を一定期間、保持しなければならない。市川市の学校図書館での個人情報の保持は、当該年度のみとし次年度はすべてデータを消去して運営しているが、利用者である児童生徒の個人情報をどのように扱うべきかについては、図書システムの構築の際に学校ごとと、あるいは自治体ごとに考える必要がある。

その際に最も重要なことは、利用者の個人情報の保護である。情報漏洩を防ぐためには、図書システムの利用者を教職員と児童生徒とで識別できるようにIDとパスワードをそれぞれに設定して、図書委員等の児童生徒が図書の貸出や返却作業を行う場合は、必要以上の個人情報が閲覧できないように図書システムを構築する必要がある。

例えば、Aさんの貸出履歴は、他の児童生徒が知るべきではない個人情報であるため、図書委員等が閲覧できないようにしなければならないが、学習評

価の観点から教職員には必要な情報となるため，図書システムの利用者を識別しそれぞれの操作権限を設定する必要がある。

市川市では，図書システムのIDとパスワードによる利用者の識別は，教育委員会・教職員・児童生徒の3段階とし，それぞれに図書システムを利用できる範囲を定めて，児童生徒の個人情報が守られるシステムを構築している。

【市川市における図書システムの利用者による識別について】
・教育委員会は，図書システムの機能管理を含めた全ての権限を持つ
・教職員は，図書システムの機能管理権限は持たないが，児童生徒の個人情報の閲覧や統計の閲覧が可能
・児童生徒は，貸出・返却作業等，必要最低限の機能のみ可能

このように，IDとパスワードの設定により利用者を識別することで，情報漏洩を防ぐことが可能となり，教職員も児童生徒も安心して活用できる図書システムとなるのである。

4．まとめ

ここで紹介したような学校図書館の支援体制が，第11章と第12章で取り上げている豊富な情報資源を活用した児童生徒への学習指導を可能にしている。こうした学校図書館を活用した教育実践を展開するためには，各学校図書館における単独の取組だけでなく，教育委員会の主導により，学校図書館相互の連携を図るとともに，公共図書館との相互協力体制を構築することが求められる。

第11章
小学校における学校図書館の活用-1

　本章では，各教科等の中で，学校図書館を効果的に活用するには，どの場面でどのように活用したらよいかについて，小学校において学校図書館を活用した教科教育の実践例を取り上げる。まず，『学習指導要領』における教科等の内容について示す。教科等で，学校図書館を活用する場合は，各学校の教育課程に沿って作成した指導計画に基づき，有効に活用することが求められている。授業者は，指導計画の中から，学校図書館の活用によって学習効果が期待できる内容を選択し，教科等の目標を達成させるために適切な場面で活用する必要がある。

　したがって授業者は，『学習指導要領』における学習内容を把握し，学校図書館の活用が有効であるかどうかを見極め，指導と評価の一体化を図りながら活用することが重要な鍵となる。表11-1に，『学習指導要領』の内容項目の一覧を掲載する。

1．国語科における学校図書館活用

　ここでは，国語科3年生　単元名「物語を読んで，手紙を書こう」（教育出版　国語教科書），教材名『おにたのぼうし』，並行読書による活用実践を取り上げる。

　本単元に関連する『小学校学習指導要領』の内容は表11-2のとおりである。

　国語科学習の目標は，「国語を適切に表現し正確に理解する能力を育成し，伝え合う力を高めるとともに，思考力や想像力及び言語感覚を養い，国語に対

1．国語科における学校図書館活用 | 153

表11-1　学習指導要領の内容項目一覧

教科等	小学校学習指導要領の内容のまとまり
国　語	「A話すこと・聞くこと」「B書くこと」「C読むこと」の各領域
社　会	内容の（1），（2）…の各大項目
算　数	「A数と計算」「B量と測定」「C図形」「D数量関係」の各領域
理　科	「A物質・エネルギー」「B生命・地球」の各区分
生　活	（1）～（9）の各項目
音　楽	「A表現・歌唱」「A表現・楽器」「A表現・音楽づくり」「B鑑賞」
図画工作	「A表現・（1）造形遊び」「A表現・（2）絵や立体，工作」「B鑑賞（1）」
家　庭	「A家庭生活と家族」，「B日常の食事と調理の基礎」，「C快適な衣服と住まい」，「D身近な消費生活と環境」の内容の（1），（2）…の各項目
体　育	（運動領域）：「A」「B」の…の各運動領域 （保健領域）内容の（1），（2）…の各大項目

（出典：国立教育政策研究所教育課程研究センター『評価規準の作成，評価方法等の工夫改善のための参考資料【小学校　国語】』教育出版，2011，p.10.）

表11-2　国語科の学習指導要領（抜粋）

第2章　第1節　国語　第2〔第3学年及び第4学年〕
2　内容　C　読むこと
（1）指導事項
　　エ　目的や必要に応じて，文章の要点や細かい点に注意しながら読み，文章などを引用したり要約したりすること。
　　オ　文章を読んで考えたことを発表し合い，一人一人の感じ方について違いのあることに気付くこと。
（2）言語活動例
　　エ　紹介したい本を取り上げて説明すること。

する関心を深め国語を尊重する態度を育てる」ことである。

　本単元では、児童に身に付けさせたい力を「読んだ本について、自分の考えや感想等を深めようとする力」および「目的に合った本を選び、自分が感じたことを伝え合う力」と設定し、図書を活用してこれらの力をさらに高めることを学習のねらいとしている。これらは、『学習指導要領』の「C 読むこと」の内容にあたり、国語科の目標と一致し言語活動の育成にも繋がる学習内容である。

　ここでは、教科書教材、あまんきみこ著『おにたのぼうし』（教育出版）と並行して、同じ作家の作品である『車のいろは空のいろ』（ポプラ社）シリーズを読むことによって、物語から感じたイメージをもとに自分の考えを伝え合う交流活動「読書会」を通して言語活動の育成を図り、国語科の目標を達成することを学習のゴールとしている。

　このように、単元の最初から授業の進行と並行して読書活動を行うことを並行読書と言う。以下に学習指導案を示す（図11-1）。

　本単元において『車のいろは空のいろ』シリーズを活用した理由は、次のとおりである。

- シリーズを通して話の展開が一定の型になっていて、あらすじの要約がしやすく、さらに同じ中心人物が描かれていることで人物像もつかみやすい。
- 同じ中心人物が登場するシリーズを全員で読み、子どもたちが共通の話題を持つことで交流活動がしやすい。
- ファンタジーであるため、読み手の感じ方の違いが鮮明に出やすく、交流活動で考えを伝え合うことによって、一人一人の違いに気付きやすい。

　これらを踏まえて並行読書を行った結果、学習のねらいに迫る学習活動が展開され、児童は図書を通して感じた自分の考えを、自らの言葉でお互いに伝え合う活動を進んで行うことができ、本単元の学習のねらいが達成された。

　なお、図11-1の学習指導計画案にある「お話ボックス」とは、『言語活動の充実に関する指導事例集〜思考力、判断力、表現力等の育成に向けて〜【小学

1．国語科における学校図書館活用　155

	本時の学習展開（10／11時間目）　　市川市立冨貴島小学校実践事例	
時間	学習活動と内容	□支援　◎評価（観点）
導入5	1．本時の学習のめあてと進め方を確認する。	□「お話ボックス」を用いてクイズ形式で読書会を行うことを伝える。
展開30	〈読書会〉（交流活動） 『車のいろは空のいろ』シリーズこの物語一番○○！を伝え合おう 〈読書会で大切なこと〉 友達は… ・どの物語を選んだのか。 ・物語からどんなイメージを持ったのか。 ・どんなところに心が響いたのか。 2．読書会を班ごとに行う。 〈読書会・書名当てクイズ〉 　①あらすじ紹介と登場人物のつながりについて 　②主人公の人柄 　③心に響いた場面とその理由 　　※①〜③のヒントを聞き、書名を当てる。 　④聞き手からの感想 3．読書会を通して感じたことをクラス全体で伝え合う。	□学習のゴールである読書会の流れがわかる資料を用意する。 □3〜4人の班ごとに行う。 □読書会では，友達は，「どの物語を選んだのか」「物語からどんなイメージを持ったのか」「どんなところに心が響いたのか」を聞くことを目的とし，一人一人の違いに気付けるようにする。 ◎物語から感じたイメージや心に響いた叙述を伝え合おうとしている。（国語への関心・意欲・態度） ◎物語から感じたイメージと心に響いた叙述を伝え合うことから一人一人の感じ方について違いがあることに気付いている。（読む能力） □読書会を通して，物語を再度読みたいという意欲が持続するように，他の班の友達のお話ボックスを読み「お話ボックス読んだよカード」を書く活動を取り入れる。
まとめ10	4．読書会をしていない他の班の友達のお話ボックスを読み，「お話ボックス読んだよカード」を書くことを確認する。	

図11-1　国語科の学習指導計画案

校版】』(文部科学省) の第1学年国語の事例[1]に掲載されている「本の小箱」をアレンジした作品である。

　図書を紹介するために自分の好きな場面を箱の中に立体的に作り, 話のあらすじや登場人物, 心に響いた場面とその理由等をまとめたカードを挿して完成させる箱型のお話紹介アイテムである。

2. 理科における学校図書館の活用

　ここでは, 理科4年生の単元名「わたしたちの体と運動」(導入時の活用実践) を取り上げる。

　本単元に関連する『小学校学習指導要領』の内容は表11-3のとおりである。

　理科学習の目標は,「自然に親しみ, 見通しをもって観察, 実験などを行い, 問題解決の能力と自然を愛する心情を育てるとともに, 自然の事物・現象についての実感を伴った理解を図り, 科学的な見方や考え方を養う」ことである。

　そのため, 児童に実際の自然の事物・現象を提示したり, 自然の中に連れて行ったりすることにより, 児童が自然の事物・現象に関心を高めるようにする

表11-3　理科の学習指導要領 (抜粋)

第2章　第4節　理科　第2　〔第4学年〕
2　内容　B　生命・地球
(1) 人の体のつくりと運動
人や他の動物の体の動きを観察したり資料を活用したりして, 骨や筋肉の動きを調べ, 人の体のつくりと運動のかかわりについての考えをもつことができるようにする。
ア　人の体には骨と筋肉があること。
イ　人が体を動かすことができるのは, 骨, 筋肉の働きによること。
3　内容の取扱い
(3) 内容の「B生命・地球」の (1) のイについては, 関節の働きを扱うものとする。

1：文部科学省『言語活動の充実に関する指導事例集：思考力, 判断力, 表現力等の育成に向けて：小学校』教育出版, 2011, p.19-20.

ことが大切である。しかし，対象によっては児童が直接観察することが難しいものもある。本単元で扱う「骨，筋肉」等もそういった対象のひとつで「骨」も「筋肉」も自分自身の体であり身近な存在であるが，直接見ることができないため児童は興味を持ちにくい。

　そこに，図書を活用する必要性が出てくるのである。ここでは，授業者がマージェリー・カイラー著『しゃっくりがいこつ』（らんか社）の読み聞かせを導入時に行った事で，児童は，見たことのない人間の骨格が，ユーモラスに生き生きと動く姿を図書の中に見出し，その姿に魅了されて自分の体の中の骸骨に興味を持ち始めた。「どんなふうに動いているのかなあ？」と思わず自分の腕や足に触ってみたくなり，児童の探究心が図書の読み聞かせを通して広がっていった。図書が探究心につながる体験を提供することができる学習場面では，学校図書館の活用が必要不可欠である。

　本単元では，人間の体に加えて，他の動物の体のつくりについても調べ，比較する学習があり，ここでも図書による調べ学習が必須となる。併せて，実物を観察できる動物園等の施設活用を行うことも効果的である。

　図11-2に学習指導計画案を示す。

　学習指導計画案の時間配分にある「1次・2次」とは，単元を内容ごとに分けた小単元を表す。

　学習指導計画案にある「ペープサート」とは，紙に人物等を描いて切り抜いたものに棒を付け，背景の前で動かして演じる人形劇のことを指し，本単元では骸骨をペープサートで表現し活用した。

　コンピュータ（インターネット等）の活用については，教育の情報化を踏まえ，インターネットの安心，安全な使い方の指導だけでなく，情報モラル教育も併せて行うことが大切である。多くの情報の中から必要な情報を選び活用する能力を養い，それらをまとめてさらに発信していくためには，著作権や肖像権の指導はもとより，情報管理や情報漏洩の危険性についても，児童の発達段階に応じて指導する必要がある。これらの指導は，日常的にさまざまな学習場面で繰り返し行うことが大切である。

単元を通した学習活動の展開（6時間扱い）　　市川市立鶴指小学校実践事例

時間		学習活動と内容	□支援　◎評価（観点）
1次	導入1	○がいこつ君と自分との違いについて考える。 ・読み聞かせ及びペープサートの骸骨と自分との違いについて考え，気付いたことをまとめる。	□読み聞かせを行い，骨について学習することを知らせる。 ◎人の体の動きに興味・関心を持ち骨について進んで調べようとしている。　　　　（関心・意欲・態度）
	2	○肘の関節のつくりについて調べる。 ・模型（紙粘土）を使いながら，肘の関節のつくりについて調べる。	□紙粘土を使い，実際に関節を作って実物をイメージさせる。 ◎肘の関節について予想し，模型等を活用して調べてその過程や結果を記録している。　　　　　　（技能）
	3	○肘を動かす筋肉のつくりについて調べる。 ・模型を使いながら，筋肉の付き方について調べる。	□模型を活用して予想させる。 ◎筋肉の付き方を予想し，体の動きと骨や筋肉の働きを関係づけて自分の考えを表現している。 　　　　　　　　　　（思考・表現）
	4	○肘以外の関節の動きについて調べる。 ・肘の関節との相違を見つける。 ・図書やインターネット，模型を活用して調べる。	□人の動きに関連づけて考えられるように写真等の資料を提示する。 ◎肘以外の関節の動きについて人の動きと関連付けて自分の考えを表現している。　　　（思考・表現）
	5	○人の体のつくりについてまとめる。 ・学習の振り返りを行い，新たな課題を見つける。	◎人が体を動かしたり支えたりすることができるのは，骨や筋肉の働きによるものであることを理解している。　　　　　　（知識・理解）
2次	6	○他の動物とがいこつ君との動きの違いから骨・筋肉のつくりの違いを探る。 ・図書やインターネット，模型を活用して調べる。 ・調べたことを情報カードにまとめて提示する。	◎学習内容を踏まえ，さらなる興味を持ち，人と他の動物との違いについて進んで調べようとしている。　　　　　（関心・意欲・態度） ◎動物の体も骨や筋肉，関節によって動いたり支えられたりしていることを理解している。（知識・理解）

図11-2　理科の学習指導計画案

3．社会科における学校図書館の活用

　ここでは，社会科6年生　単元名「明治の国づくりを進めた人々」（課題解決における探究型の学習による実践）を取り上げる。
　本単元に関連する『小学校学習指導要領』の内容は表11-4のとおりである。
　社会科学習の目標は，「社会生活についての理解を図り，我が国の国土と歴史に対する理解と愛情を育て，国際社会に生きる平和で民主的な国家・社会の形成者として必要な公民的資質の基礎を養う」ことである。その上で重要なことは，児童生徒が社会的事象に関心をもって進んでかかわり，知識や技能を習得して課題を探究する力を身に付け，日本人としての自覚を持って国際社会に参画する資質や能力を育成することである。『学習指導要領』では，指導計画の作成に当たって「学校図書館や公立図書館，コンピュータなどを活用して，資料の収集・活用・整理などを行うようにすること」と示されている。
　ここでは，歴史上の人物や出来事について学校図書館を活用して調べた内容をもとに，当時の国家施策について自分なりの考えを持ち，友達と意見交流を行うことで歴史への理解を深めることを目標とした。図11-3に学習指導計画案を示す。学校司書が資料収集の支援に加わり，3段階の調べ学習を行ったことで，授業者の児童への支援が行き届き，友達同士の交流活動も活性化し意欲的に学習活動が展開された。

表11-4　社会科の学習指導要領（抜粋）

第2章　第2節　社会　第2　〔第6学年〕
2　内容
（1）我が国の歴史上の主な事象について，人物の働きや代表的な文化遺産を中心に遺跡や文化財，資料などを活用して調べ，歴史を学ぶ意味を考えるようにするともに，自分たちの生活の歴史的背景，我が国の歴史や先人の働きについて理解と関心を深めるようにする。
　・キ　黒船の来航，明治維新，文明開化などについて調べ，廃藩置県や四民平等などの諸改革を行い，欧米の文化を取り入れつつ近代文化を進めたことが分かること。

単元を通した学習活動の展開（14時間扱い）　市川市立信篤小学校実践事例

時間	学習活動と内容	□支援　◎評価（観点）
問題把握 1 2	○ペリー来航について知る。 ○開国を受け入れ，不平等条約を結んだことを知る。 ○討幕運動，大政奉還について知る。 ○五箇条のご誓文を読む。 ○岩倉使節団について知る。 ○当時の役人は日本をどんな国にしようとしたか考える。	□資料の提示の仕方を工夫し，当時の日本人の心情に迫れるようにする。 ◎明治政府の人々が日本をどのような国にしようとしたのか資料をもとに考えようとしている。 （関心・意欲・態度）
3	【学習問題】 明治政府の人々は外国から学んだことをもとにして，日本をどのような国にしようとしたのだろうか。 ○予想について話し合い，自分が調べることを明確にする。	
検証 4 5 6 7 8	○図書等を活用して3段階で調べ学習を行う。 　1．予想をたてて調べる。 　2．調べたことから，自分の考えをまとめる。 　3．意見交流を行い，感想や新たな疑問を持つ。 ○調べたことを友達と交流する。 ○学習問題について話し合う。	◎歴史上の事象に関心を持ち，資料を使って意欲的に調べようとしている。　（関心・意欲・態度） ◎資料を活用して必要な情報を集めて読み取ったり自分の考えをまとめたりしている。 （観察・資料活用の技能） ◎学習問題の答えについて自分なりに考え表現している。 （思考・判断・表現）
9 10 11 12 13 まとめ 14	○自由民権運動や大日本帝国憲法の制定について知る。 ○不平等条約の一部を改正した事実について知る。 ○中国，ロシアとの戦争による日本の立場について知る。 ○明治から大正初期にかけて活躍した人物について知る。 ○明治政府の人々の努力によって欧米と対等な国になったのか考え，自分の意見を発表する。 ○学習のまとめをする。	◎明治政府の人々が欧米に学んだことを日本の実情に合わせて解釈し，近代化を図ったことを理解している。　　　　（知識・理解） ◎明治政府が行った富国強兵等が欧米諸国と対等な関係になるためであったことについて考え適切に表現している。（思考・判断・表現）

図11-3　社会科の学習指導計画案

3．社会科における学校図書館の活用 | *161*

```
調べたこと（項目）                               年    月    日
_____
_____
_____
_____
_____

  書名（WEB）                        請求記号

  著者名                              ┌─────┐
                                      │     │
  出版社                              │     │
                                      └─────┘
```

図11-4　情報カード（市川市立鶴指小学校オリジナル　高学年用）

　なお，ここでも，インターネット上の情報源の活用にあたっては，第11章の1の（2）に記述した点について，配慮することが肝要である。

　本単元における3段階で行った調べ学習の手順（問題解決学習）は以下のとおりである。

　①歴史上の人物や出来事に興味を持ち，自分なりの予想を立てて追究する。
　　・調べた事実を情報カードに引用する（著作権や引用についての指導）。
　②予想の根拠となる事実を掴み，自分なりに考えを持つ。
　　・収集した情報から知り得た事実をもとに学習問題の答えを考える。
　③自分の考えを表現し，新たな疑問や課題を持つ。
　　・友達との意見交流を行う。
　　・新たな疑問や課題が出た場合は，さらに調べ学習を進める。

　情報カードは，学校ごとに学年や学習内容に応じて形式を変えて作成している。高学年では，図11-4に示した情報カードと一緒に図書リストを活用し，閲覧した資料を一覧にまとめておくと，学習を振り返る際に有効な資料となる。

4．生活科における学校図書館の活用

　ここでは，生活科と特別活動の合科として実施した実践例を取り上げる。

　本単元に関連する『小学校学習指導要領』の内容は表11-5のとおりである。

　生活科の目標は，「具体的な活動や体験を通して，自分と身近な人々，社会及び自然とのかかわりに関心をもち，自分自身や自分の生活について考えさせるとともに，その過程において生活上必要な習慣や技能を身に付けさせ，自立への基礎を養う」ことである。そのために，授業者は児童の気付きを大切にする授業を展開しなければならない。したがって，生活科における学校図書館活用は，授業者から図書館等で調べることを促すのではなく，児童がさまざまな事象に関心を持ち，自ら進んで探究したくなるような学習環境を整える必要がある。

　ここでは，児童の気付きを重視し，生活科と特別活動の合科的指導によって，学校探検から学校図書館の利用指導へと繋げる学習の流れを提示する。

　以下，1年生生活科単元名「がっこうたんけん」特別活動「学校図書館の利用」での実践について解説する。図11-5に学習指導計画案を示す。

　学校探検は，普段は出入りできない場所に自由に入ることができる楽しい学習であるだけでなく，よりよい学校生活を送る方法について考えるために設定された単元である。児童は自由に学校内を探検し，再び教室に戻って気付いたことや聞いてきたことをお互いに発表し合いながら情報を共有する。これらの活動を通して，児童が学校図書館についてもっと知りたいと思う場面を設定して，学校図書館の利用指導に繋げる事が，最も効果が期待できる学習の流れで

表11-5　生活科の学習指導要領（抜粋）

第2章　第5節　生活　第2〔第1学年及び第2学年〕 2　内容 （1）学校の施設の様子及び先生など学校生活を支えている人々や友達のことが分かり，楽しく安心して遊びや生活ができるようにする。 （一部省略）

4．生活科における学校図書館の活用 | 163

単元を通した学習活動の展開（8＋1時間扱い）

時間	学習活動と内容	□支援　◎評価（観点）
課外 0	○2年生から，学校内の教室配置が記載された探検マップをもらい，探検への意欲を高める。	□授業者が気づかせたい施設や仕組みについて，児童が気付けるように教室環境を整えておく。 □学校司書等の学校職員に対して，児童がそれぞれの場所で何かに気付いたら，褒めるように依頼する。
生活 1 2 3 4 5 6 7 8	○学校内の施設を知り，学校探検の計画を立てる。 ○自分なりの目当てを持って，探検をする。 ○時間や約束を守って探検する。 ○お気に入りの場所を見つけて，みんなに発表する。 ○友達の発表を聞き，新たな目当てを持って，もう一度学校探検をする。 ・友達の発表を聞き，学校図書館に関心を持ち，もう一度行ってみたいと思う。	◎学校の施設に関心を持ち，自分なりの目当てをもって繰り返し探検しようとしている。 　　　　　　（関心・意欲・態度） ◎決まりやマナーについて考えて探検している。　　　（思考・表現） ◎学校の施設や職員の役割に気付いている。　　　　　　（気付き） □学校図書館内のNDC等に気付いた児童がいたら，学校司書が褒め，クラスの友達に紹介するようにアドバイスしてもらう。 ◎学校生活を楽しみ上手に過ごせるようになった自分に気付いている。 　　　　　　　　　　（気付き） □友達の発表から，校内の施設の活用方法について考えるように促す。
特別活動 1	○学校図書館の利用方法を知る。 ・貸出や返却の規則について ・排架等について（NDC等） ・図書館の利用時間について ・読書の記録について ・コンピュータ利用について 　　　　　　　　　　　　　等	□児童の気付きから利用指導へ繋げる。 ・司書教諭や学校司書と連携し，児童の発達段階に応じて，毎年繰り返し行う。 ◎学校図書館の利用方法について理解している。　　（知識・理解）

図11-5　生活科及び特別活動の合科による学習指導計画案

ある。児童は，利用指導を通して学校図書館の必要性を知り，その後は自ら進んで図書を求めて通うようになり，探究的な学習の第一歩を踏み出すのである。併せて，教室にも日常的に図書を置き，児童がすぐに図書に手を伸ばせる環境作りを行うことも大切である。このように，児童の気付きを通してさまざまな施設の必要性を知らせることで，児童が自ら社会と関わろうとする態度を育成することができるのである。

本単元で行う合科的指導とは，教科等のねらいを効果的に実現するための指導方法のひとつで，単元または1コマの時間の中で，複数の教科等の目標や内容を組み合わせて，学習活動を展開することである。また，教科横断的な学習形態での学校図書館活用も有効である。

5．小中連携における学校図書館の活用

ここでは，小学校と中学校が連携して実施した，「走れメロス」を教材とする読書座談会について取り上げる。

以下の授業実践に関連する学習指導要領解説「国語科」の内容の系統表（小・中学校）は表11-6のとおりである。

国語科の目標の中にある「伝え合う力を高める」を実践するために，異校種の児童生徒が共通教材について座談会を行った。図11-6が学習指導計画案で

表11-6　国語編の学習指導要領解説（抜粋）

	小学校（5，6年）	中学校（1年）
聞くこと話すこと	【話し合うこと】 オ　互いの立場や意図をはっきりさせながら，計画的に話し合うこと。	【話し合うこと】 オ　話合いの話題や方向をとらえて的確に話したり，相手の発言を注意して聞いたりして，自分の考えをまとめること。
読むこと	【自分の考えの形成及び交流】 オ　本や文章を読んで考えたことを発表し合い，自分の考えを広げたり深めたりすること。	【自分の考えの形成】 オ　文章に表れているものの見方や考え方をとらえ，自分のものの見考え方を広くすること。

国語科　市川市立冨貴島小学校6年生・市川市立第三中学校1年生実践事例

時間	学習活動と内容	□支援　◎評価
5	1．本時のめあてを確認する。	□事前に走れメロスを読み，自分の考えをノートにまとめさせる。
	共通教材「走れメロス」を読んだ感想を伝え合おう	
30 10	2．自分の読みについて，グループで話し合う。 ○メロスはなぜ走ったのか ○メロスとセリヌンティウス ○メロスと王様の関係 ○作者が伝えたかったこと等 3．グループで話し合った内容を全体に発表して共有する。 4．今日の学習から感じたことをまとめる。	□小中学生混合グループを作る。 □司会は中学生に依頼し，学校司書は聞き手として参加する。 ◎自分の考えが相手に伝わるように表現を工夫しながら話している。 他者の考えを受け止めながら聞いている。　　（話すこと・聞くこと） ◎他者の見方や感じ方を受け止め，自分の考えを広げたり深めたりしようとしている。　　（読むこと）

図11-6　国語科の学習指導計画案

ある。この学習を通して小学生は，中学生の意見を聞き，自分たちが気付かなかった新たな視点を知り作品への理解をより深めることができた。中学生は，自分の考えを小学生に分かるように伝えるために言葉を選んで丁寧に説明を行っていた。異校種連携の授業を実施する場合は，双方の学習のねらいが達成されることが必須である。

6．まとめ

　本章では，小学校における国語科をはじめとする教科教育において，『学習指導要領』を提示しながら学校図書館を活用した学習指導案に基づく教育実践事例について解説した。

　これらは，教育課程におけるすべての教科等において同様であり，第10章で

述べた，学校図書館経営全体計画とともに，年度初めに年間の指導計画に位置付けられるべきものである。

　司書教諭には，授業者がこうした学校図書館を活用した教育を実践するために必要となる情報資源を整備するとともに，児童生徒による情報資源の利用法について，授業者とともに指導していくことが求められる。

第12章
小学校における学校図書館の活用-2

　本章では，小学校における教科教育以外の多様な教育活動の中で，学校図書館の活用について解説する。

1．総合的な学習の時間における学校図書館活用

　本節で取り上げる実践例に関わる『小学校学習指導要領』の目標および内容の取扱についての配慮事項は表12-1のとおりである。
　多くの児童は，年末になると毎年のように行われている募金活動に何のためらいもなく募金をしているが，この募金がなぜ必要で，どのように役立っているのかは漠然としか知らない。

表12-1　総合的な学習の時間の学習指導要領（抜粋）

第5章　総合的な学習の時間 第1　　目標 　横断的・総合的な学習や探究的な学習を通して，自ら課題を見付け，自ら学び，自ら考え，主体的に判断し，よりよく問題を解決する資質や能力を育成するとともに，学び方やものの考え方を身に付け，問題の解決や探究活動に主体的，創造的，協同的に取り組む態度を育て，自己の生き方を考えることができるようにする。 第3　　指導計画の作成と内容の取扱い 　2（6）学校図書館の活用，他の学校との連携，公民館，図書館，博物館等の社会教育施設や社会教育関係団体等の各種団体との連携，地域の教材や学習環境の積極的な活用などの工夫を行うこと。

この実践では，ユニセフハウスの見学を通して児童が感じたことをきっかけに，世界中の子どもたちの現状を学び，自分たちの日常を振り返ると共に，支援を必要としている世界の子どもたちのために自分たちにできることは何かを考えさせた。図12-1がその学習指導計画案である。

　児童は，各自の課題解決の場面で図書を活用することによって，幅広く情報を収集しその分析によって自らの考えを深めていった。知り得た事実から社会参画への意識を高め，能動的に社会貢献活動へと向かう子どもの育成を図った実践である。

『世界中の子どもたちの現状を知り，自分たちにできることを考えよう
～ユニセフの活動を通して～』

市川市立平田小学校実践事例

	学習活動と内容	◎評価
1次	○世界の子どもたちの現状を知り課題意識を持つ。 ・日本ユニセフ協会「ユニセフハウス」を見学する。 ・見学を通して感じたことから課題を設定する。 ・課題解決のための計画を立てる。	総合的な学習の時間の評価の観点は学校ごとに決定するため，ここでは一例を示す。 ◎課題設定の力 ◎課題追究の力 ◎情報収集の力 ◎情報発信の力 ◎社会参画の力 等
2次	○世界の子どもたちの生活状況について調べる。 ・図書，ユニセフ資料，インターネット等を活用して調べる。 ・「世界の12歳」（ユニセフ映像資料）を視聴し，世界の子どもたちの現状を知り，自分たちの生活を見つめ直す。 ・調べたことをまとめる方法（新聞発行，ポスター配付，学校ホームページを活用したインターネット配信等）を考える。	
3次	○世界の子どもたちのためにできることを考える。 ・募金活動の意味や方法を知り実行する。 ・活動を他者へ広げるための方法を考える。 ・新たな課題を見付け，社会参画への意識を高める。	

図12-1　総合的な学習の時間における学習指導計画案

図12-2　募金箱制作　　　　　　図12-3　自作の募金箱での募金活動

　なお，ここでも，インターネット上の情報源の活用にあたっては，第11章の2に記述した点について，配慮することが肝要である。

　指導案内にある「1次・2次・3次」とは，単元を内容ごとに分けた小単元を表す。

2．特別活動における学校図書館活用

　特別活動の目標は，「望ましい集団活動を通して，心身の調和のとれた発達と個性の伸長を図り，集団の一員としてよりよい生活や人間関係を築こうとする自主的，実践的な態度を育てるとともに，自己の生き方についての考えを深め，自己を生かす能力を養う」ことである。

　特別活動は，「学級活動，児童会活動，クラブ活動，学校行事」の四つの活動から構成されている。

　『学習指導要領』には，「学級活動」において，全学年で取り扱う内容を「(1) 学級や学校の生活づくり」および「(2) 日常の生活や学習への適応及び健康安全」として，(2) に「オ　学校図書館の利用」を位置付けている。

　学校図書館活用は，言語活動の充実を踏まえて学習と関連させたり，読書活動の日常化を図ったりしてさまざまな場面で活用させることで，望ましい人間関係を形成し自主的，実践的な態度の育成を目指すことが求められている。

　「学校行事」においては，「(2) 文化的行事」の中で，平素の学習活動の成

果を発表し，その向上の意欲を一層高めたり，文化や芸術に親しんだりするような活動を行うことを目標としている。

特別活動の中で学校図書館を活用する取り組みは，その学習内容から上記の「学級活動」や「学校行事」で行われることが多い。

（1） 実践事例「学級活動」(1)学級や学校の生活づくり

学級活動の中で扱う学校図書館活用は，国語科や生活科，総合的な学習の時間との合科的な指導や教科横断的な指導によって行われたり，休み時間等の授業時間以外に行われたりする活動である。読書旬間等の「学校行事」として位置づけされることが多く，どの活動も児童が協力し合いながら積極的に参加し，図書を意欲的に活用するように計画されており，言語活動の育成と共に集団生活における人間関係の形成を図ることができる活動である。

学校図書館を活用する場面はさまざまであるが，ここでは四つをあげ，その中の「読書集会」について学習内容を記載する。図12-4がその学習指導計画案である。

合科的指導とは，教科のねらいを効果的に実現するための指導方法のひとつで，単元または1コマの時間の中で，複数の教科の目標や内容を組み合わせて，学習活動を展開することである。

図12-5は，「英語劇 MOMOTARO」を行ったときの1コマである。全編英語の台詞だったが，慣れ親しんだ内容であるため，会場からは笑い声が絶えない公演であった。

（2） 実践事例「学級活動」(2)日常生活や学習への適応及び健康安全

食育を行う場面は，特別活動だけでなく，家庭科・保健体育科・生活科・理科・社会科・国語科・道徳・総合的な学習の時間・給食の時間等さまざまである。

いずれも食育基本法や学校給食法を念頭において，教科の目標と児童の実態を踏まえて行うことが重要である。図書の活用については，学習のねらいをはっきりさせ，食生活を見直すきっかけを与えられるように配慮することが大切

2．特別活動における学校図書館活用 | *171*

「ウ　学校における多様な集団の生活の向上」に関する実践（学級活動及び学校行事）

①読書集会	学年ごとに読んだ図書に関する発表をする（劇・群読等）
②作家講演会	特定の作家の作品について学び，本人の講演会を実施する。
③読書郵便	お勧めの図書を，はがきで紹介する。
④読書祭り	クイズ，アニマシオン，読み聞かせ等を同時に行う。

①議題名　「読書集会に参加しよう」　対象学年：全学年
②留意点
　読書旬間等に合わせて「読書集会」や「読書祭り」等の名称で行われる活動は，児童にとって本を身近に感じることのできる学習の一つである。小学校では全校一斉に取り組むことが多いため，学年ごとの学習のねらいをはっきりさせて，実施することが大切である。
③各学年の学習のねらい
　低学年「簡単な役割や準備を分担し誰とでも仲良く集会活動を楽しむ」
　中学年「仲間と協力し合って，多様な集会活動に取り組む」
　高学年「信頼し，支え合って創意工夫のある集会活動を作る」
④多様な集会活動
　6年生「英語劇 MOMOTARO」
　※その他の学年も活動内容を決めて参加
　　・ミュージカル，群読，寸劇　等
⑤内容
　総合的な学習の時間及び国語科との合科的な指導により，「桃太郎」を自分たちで英訳しさらに脚色して台本を作り，全校児童，保護者，地域の方々を招いて開かれた読書集会で演じた。学校図書館活用を通して，外国語活動（英語）にも横断的に触れることができる有意義な実践である。

図12-4　特別活動における学習指導計画案（1）

である。また，学校図書館活用だけでなく，栄養教諭の協力や保護者への啓発も同時に行うことでより学習効果が期待できる。図12-6がその学習指導計画案である。

　事前・事後の指導は，日々のホームルームの時間等を利用して継続的に行い，

図12-5　MOMOTARO演技風景

「キ　食育の観点を踏まえた学校給食と望ましい食習慣の形成」に関する実践

題材名	『何でも食べて丈夫な体を作ろう！』　対象学年：3年生	
	学習活動と内容	□支援　◎評価
事前指導	○好きなメニュー，苦手なメニューのアンケートを行い食生活の傾向を知る。 ・なぜ好きなのか，なぜ苦手なのか考える。 ・苦手なメニューが出た時どうしているか振り返る。	□食生活を振り返らせることで，課題を明確にする。 □栄養教諭の協力を得て，食事の大切さだけでなく，給食を作る時の苦労等も話してもらい，感謝の気持ちが芽生えるようにする。 □家庭でも実践できるように保護者への啓発を行う。 ◎自分の食生活を見直し課題意識を持っている。 ◎食事の大切さを知り，課題を解決するための手立てを考えている。 ◎丈夫な体を作るための食生活について理解している。　　　　等
本時	○栄養教諭から栄養素やバランスについて話を聞き，図書等を使って調べる。 ・バランスよく食べることの重要性を知り，今後の食生活について課題意識を持つ。 ○食生活について改善計画を立てる。 ・栄養について調べ，目当てを立てる。 ・友達と意見交流して，目当てを達成する手立てを考える。	
事後指導	○目当てが達成できたか振り返る。 ・給食がんばりカードに，実践したことを記録し，友達とがんばりを認め合う。	

図12-6　特別活動における学習指導計画案（2）

図12-7　担任と栄養教諭によるティーム・ティーチング

目当てが継続できるようにすると共に，保護者への啓発を行い日常的に意識できるようにすることが大切である。

（3）実践事例「児童会活動」

児童会活動に関する『学習指導要領』の内容は表12-2のとおりである。

ここでは，児童が互いに尊重し合い個々の長所が生かされるようにするとともに，適切な指導によって民主的な実践活動が展開されることが望まれている。

3．幼小連携行事による学校図書館活用

市川市には，小学生のボランティア活動を通して幼稚園との学校図書館を活用した交流を行っている学校がある。1年生から6年生までの読み聞かせボランティアの希望者が異学年集団を形成して，幼稚園児に対して読み聞かせを行っている。指導の中心は司書教諭と学校司書であるが，参加児童が全学年にお

表12-2　特別活動の学習指導要領（抜粋）

学習指導要領　第6章　第2［児童会活動］　1　目標
児童会活動を通して，望ましい人間関係を形成し，集団の一員としてよりよい学校生活づくりに参画し，協力して諸問題を解決しようとする自主的，実践的な態度を育てる。

┌───┐
【図書委員会活動】
　図書委員会の業務は，図書の貸出返却作業に加え読書旬間のイベントや日常の読書活動の推進に至るまで幅広い。運営については，6年生を中心に役割分担をして，様々な業務を交代で行う。担当教諭は，児童の自主的な活動を支援することが大切である。この活動で最も注意する点は，個人情報の取り扱いである。学校図書館には，多くの個人情報があり知り得た秘密（借りた本の情報等）は，絶対に漏らしてはいけないということを十分に理解させる必要がある。

　図書館環境整備例
　書架サインやポップの作成，季節を感じるレイアウト，おすすめ図書の掲示，イベント用ポスターの作成と掲示，図書委員会便りや新聞の発行

　図書館関係行事例
　読み聞かせ，大型紙芝居，ブラックシアター，読書郵便，百人一首大会，辞書引き大会，読書旬間イベントの計画と実施　等

【その他の委員会活動における学校図書館との関連】
　図書委員会だけでなく，その他の委員会活動においても学校図書館の活用は可能である。読書旬間等のイベントとして委員会ごとに学校図書館を活用した行事を考えることも可能である。
○給食委員会「おはなし給食」
　・物語に出てくるメニューを実際の給食に取り入れる。
○放送委員会「放送劇」「放送による読み聞かせ」　　　等
└───┘

図12-7　特別活動における学習指導計画案（3）

よぶため，各学年の図書館部の教諭が協力して運営および指導にあたっている。

　小学校の校庭と地続きにある幼稚園の園児が，小学校の休み時間に訪れ，ボランティアグループ「にじいろの会」の小学生とペアを組んで，読み聞かせをしてもらうのである。小学生は，ペアとなる園児の年齢を考慮して，学校司書等に相談しながら読み聞かせる図書を決めて，事前に何度も練習して当日を迎える。年間を通して定期的に行われる活動で，園児は毎回とても楽しみにしており「小学校に入ったら，自分も読み聞かせボランティアグループに入る」と，入学前からあこがれている園児もいる。

図12-8　小学生と幼稚園児のペアによる読み聞かせ

　この活動は，園児にとっても園児の保護者にとっても小学校入学への不安軽減に繋がり，大きな期待を持って入学を迎えることができるようになり，小1プロブレム解消の要因のひとつとして考えられている。

　幼小連携の活動も，小中連携の活動と同様に，園児・小学生それぞれにメリットがなければならない。この活動では，小学生は読み聞かせの対象を考えて選書することで他者意識の育成が図られ，園児は小学校への期待が芽生え，入学への不安を軽減することができる。

　さらに，小学生が中学生，高校生になると，この活動が保育の授業での実践や，地域のボランティア活動への参加等に繋がり，豊かな人間性を育んでいく。

4．部活動への学校図書館支援

　小学校における部活動は，課外活動にあたるため教科書がない。児童は，入部と同時に初めての体験をすることになるため戸惑うことが多い。そのような時に，学校図書館で所蔵している，スポーツや音楽に関する図書や雑誌は，子どもたちの初めての体験をサポートするために重要な役割を担うのである。

　市川市の小学校では，季節ごとに相撲大会，水泳大会，陸上大会が開催される。また，学校と地域が連携してサッカーやミニバスケットボール，吹奏楽等

多くの部活動も行われている。

　児童は自分が所属する部に関係する図書や雑誌に興味を持つことが多く，普段は図書との接点が少ない児童でも手に取ってページをめくる姿が見られる。そのため，学校図書館では競技の説明等に関する図書だけでなく，選手個人について書かれた図書も購入し，排架を工夫して多くの児童が図書に興味を持てるように配慮している。雑誌は毎月，同じタイトルのものを購入するのではなく，大会の時期や児童の興味関心に合わせて，さまざまなタイトルをタイミング良く購入することで，限られた購入予算の中で，より多くの児童のニーズに対応している。

図12-9　図書館内の掲示

　このように児童のニーズに合わせて，図書や雑誌を購入することにより，多くの児童が学校図書館に訪れるようになるだけでなく，他の分野の図書へと興味が広げるきっかけ作りも行っている。

　図12-9は，秋のスポーツシーズンに向けて，関連する展示を行っている様子である。季節の移り変わりや児童のニーズに合わせて展示替えを行い，多くの児童が学校図書館に足を運ぶように，さまざまな工夫をしている。

5．まとめ

　本章では，総合的な学習の時間や特別活動のなかで，学校図書館を活用した教育実践について解説した。司書教諭には，授業者がこうした教育活動が展開できるように，情報資源の整備と適切な情報資源の利用法に関する指導を行う必要がある。

第13章
中学校・高等学校における学校図書館の活用-1

　本章では，教科と学校図書館が連携した授業の在り方や実践例について，明治大学付属明治高等学校・中学校における事例を取り上げながら，司書教諭の実践的職務を中心に解説する。

　学校図書館がより効果的に活用されるためのアイデア等を検討し，提案・実践していくために2007(平成19)年文部科学省に設置された協議会「子どもの読書サポーターズ会議」は，『これからの学校図書館の活用の在り方等について(報告)』[1]において，学校図書館の機能・役割として，①児童生徒の「読書センター」及び「学習・情報センター」としての機能，②教員の授業改善や資質向上のための支援機能（教員のサポート機能），③その他の機能（子どもたちの「居場所」の提供，家庭・地域における読書活動の支援）の3点を挙げている。同報告書は②教員のサポート機能について，多忙な業務を抱えつつ個々の創意工夫による教育活動の充実が求められる教員のために，「最も身近な情報資料拠点である学校図書館を，教材研究や授業準備等の支援に有効に活用していけるようにすることは，もはや猶予を許されない課題である」と指摘している。また，司書教諭については「学校図書館を活用した教科等の指導内容・方法等について，他の教師に指導・助言できるような人材」と述べられている。今後の学校図書館においては，単に資料を提供するだけではなく，積極的に教科にかかわっていくことが求められてくることだろう。ここでは，それらを踏ま

1：[文部科学省] 子どもの読書サポーターズ会議「これからの学校図書館の活用の在り方等について（報告）」http://www.mext.go.jp/a_menu/shotou/dokusho/meeting/__icsFiles/afieldfile/2009/05/08/1236373_1.pdf, (参照2014-09-01).

たうえで，教科と学校図書館との連携について取り上げる。司書教諭としての職務を果たすにあたっては，司書教諭課程受講中のみならず，司書教諭として勤務してからも，他校の実践例などを多く学び，自校の実践に活かすことが大切である。本章では，学校図書館を活用した授業の目的について述べた後，教科との連携事例についていくつかの実践例を紹介する。

なお，明治大学付属明治高等学校中学校図書館は，蔵書数約5万5千冊（和書5万冊，洋書5千冊）で，専任司書教諭1名と図書館スタッフ2名によって運営されている。

1．学校図書館を活用した授業の目的

学校図書館が教科と連携して授業を行う形態には，表13-1に示しように，大きく分けて，①場所貸し，②資料準備，③図書館利用指導の三つがある。なお，司書教諭が中心となって生徒のスタディスキルズを育成する授業に関しては第14章で取り上げ，ここでは，教科担当教諭と司書教諭が連携して行う授業を取り上げる。

教科担当教諭が学校図書館で授業を実施する目的の第一は，資料活用である。教科書で扱う単元について，背景となる知識を深めていくために学校図書館を利用する。それがグループ学習の形式をとるのか，個人レポート提出の形式をとるのかの違いはあっても，資料を活用するという根本の部分での差異はない。そのため，教科と連携するにあたっては，その前提として，授業で活用できる資料を収集し，提供できるようにしておく必要がある。日頃から各学年の授業内容を把握し，生徒の知的関心を深めるような資料を収集しておくことが重要である。ときには，不足資料を補うために，公共図書館や他校の図書館と連携することも必要である。

教科担当教諭は，司書教諭や学校司書が資料について紹介をする（ブックトーク，ブックリストなど）ことを想定していない場合が多い。よって，資料活用の授業の依頼が来た場合には，司書教諭からどのようなことができるのかを伝えることが望ましい。

表13-1　学校図書館が教科と連携して授業を行う形態

場所貸し	教科担当教諭が図書館内で授業を実施する。このとき，司書教諭や学校司書が特に準備をすることはない。
資料準備	教科担当教諭が図書館内で授業を実施する。このとき，学校図書館側は授業で必要な資料をあらかじめ別置したり，ブックリストやパスファインダーを作成したりなど協力する。ただし，授業内において司書教諭や学校司書が説明を行うことはない。
	上記の資料準備に加えて，司書教諭や司書があらかじめ選択してある本についてブックトークを行ったり，ブックリストやパスファインダーを配布したりする際にいくつか特徴的な資料についての紹介を行う。
図書館利用指導	教科担当教諭が図書館内で授業を実施するにあたり，司書教諭や学校司書が事前の利用指導を行う。オリエンテーションの補足としての実施のため，貸出・返却方法，教科の特性にあわせたNDC解説などが中心となる。
	教科担当教諭が授業を実施するにあたり，司書教諭や学校司書が参考図書の利用法や，目次，索引，奥付の見方，参考文献の書き方等の指導を行う。資料を別置することもある。また，教科で扱う単元とは関係なく，レポート作成指導の前段階として司書教諭のみが授業を担当することもある。
	教科担当教諭がレポート課題を出すにあたって，テーマ探索，資料収集，アウトライン作成，参考文献リストの作成，脚注のつけ方等，レポート作成に関することについて司書教諭が授業を行う。

　目的の第二は，図書館利用指導，レポート作成指導等，司書教諭のサポートである。自館資料をよく知った司書教諭だからこそできる支援が求められる。図書を借りる方法を教えることは，貸出の方法を教えることだけではなく，『日本十進分類法（NDC：Nippon Decimal Classification）』（以下，NDC）と請求記号ラベル，排架の関係を教えることで生徒の図書館に対する知識を深めたり，NDCを使って図書を選択する方法と関係させて，目次や索引，奥付をよく読んで図書を選択したりする方法を教えることが含まれる。ただし，司書

教諭や学校司書がこれらの指導を実施できるということを知らない教科担当教諭は非常に多い。このような目的をもって学校図書館を活用してもらうためには，学校図書館側の日頃の広報が必要である。

　目的の第三は，教室とは違う場所，グループ学習に適した広い場所で授業を行うことである。グループで話し合ったり，模造紙に書き込んだりするために学校図書館を利用する場合には，司書教諭の支援は必要ないこともある。ただし，学年やクラスによっては，遅れているグループや個人の指導を行ったり，騒ぎすぎないように監督するような支援ができることも，教科担当教諭には伝えておく必要がある。

　一方，司書教諭側にも，生徒に学校図書館について学んでほしいという目標があることはもちろんである。具体的には，学校図書館の資料を活用し，生徒みずからの知的好奇心を養うとともに，次のようなスタディスキルズの育成を図ることである。すなわち，1）NDCの理解を深めて図書館の排架について理解する，2）参考図書を含めた学校図書館資料についての理解を深めて積極的に活用する，3）目次や索引，奥付をみて図書を選択できるようになる，4）論理的な思考力を身につける，ことである。加えて，参考文献の書き方を身につける，論理的な構成でレポートを作成するなどといった，レポート・論文作成能力育成に関する事項も，学校図書館が担当するスタディスキルズの育成に加えられることがある。

　ここでもっとも重要なことは，教科担当教諭は授業で扱う単元の目標を達成するために，学校図書館での授業を組み込んでいるということを忘れてはならないという点である。司書教諭はそのことを十分に理解して，教科担当教諭の目標とかけ離れた支援とならないように心掛ける必要がある。ブックトークを実施する場合，教科単元の枠を超えた部分にまで生徒の興味関心が向くように図書を選択したい場合には，事前に教科担当教諭の同意を求めるべきである。仮に選択した図書が教科担当教諭の意に沿わないようであれば，何度か意見交換をすることもあるが，基本的には教科担当教諭の目的が優先される。扱われた単元の内容だけではなく，派生した事項について書かれた図書など，もっと多くの資料にまで生徒の興味関心を引きたいのであれば，ブックトークではな

図13-1　別置図書の例

く，図書を別置するほうがよい場合もある。別置とは，あるテーマに沿って資料を収集し，館内の一部に展示することである。図13-1に示したとおり，ブックトラックを用いて30〜50冊程度の図書を集めたり，入口近くのテーブルに数冊だけを展示したり，さまざまな方法をとることができる。このような別置図書の場合には，教科担当教諭が必要とする資料だけではなく，関連した資料を提示することが可能になる。授業内容に関連して生徒に読んでもらいたい図書をわかりやすく展示する別置は，それほど手間を取らずにできる割に効果が高く，教科担当教諭からの評価も高い。

　いずれにしても，生徒にどこまで求めているのかということを把握し，教科担当教諭の単元の目標を理解したうえで，どのような支援ができるのかを考えなければならない。教科教諭の目的と学校図書館の目的とを熟慮して，そのときどきに合った手法を用いる必要がある。司書教諭や学校司書の側から教科担当教諭に対して学校図書館を活用する授業の提案をする場合でも，教科担当教諭がどのような支援を望んでいるのかを把握して，授業案を考えていかねばならない。そして，このような連携が充実してくると，司書教諭が学校全体の授業の進行状態などを勘案しつつ，生徒にスタディスキルズ育成をするための授業を組み入れることが可能になってくる。

2．教科連携事例

　ここでは，明治大学付属明治高等学校中学校における教科との連携事例について紹介する。

　本校では，テーマを設定し，調べ，書き，発表するという技能の伸長を促進するため，中学1年，中学2年で作文コンクール，中学3年，高校1年でイングリッシュ・スピーチ・コンテスト，高校2年，高校3年でイングリッシュ・プレゼンテーション・コンテストが実施されている。これらのすべては緩やかに関連しており，中学生で学んだ作文も，最終的には5分間のイングリッシュ・プレゼンテーションにつながってゆく。司書教諭は関連するすべての委員会に参加しており，中学生から高校生まで，どの時点でどのようにテーマ設定法を学んだり，データベース利用法について学んだりしているのかということを把握している。

　特に，作文コンテスト，イングリッシュ・プレゼンテーション・コンテストでは，テーマ探索，資料収集，アウトライン作成など，多くの部分で司書教諭が指導に関わっている。

　今回は，このような流れの中で実施された中学2年生の国語と高校3年生の英語の授業および英語多読の支援について紹介する。

(1) 中学2年生国語

　中学2年生による作文コンクールまでの流れは表13-2のとおりである。

　新聞スクラップは，国語科，社会科に限らず，HRの時間に採用する担任教諭もいて，よく行われる実践である。学校図書館としては，つねに新聞スクラップ用のワークシートを用意しておくだけでなく，できれば切抜き用の新聞，ハサミ，のりなども用意しておくことが望ましい。本校で利用しているワークシートには，気になった記事を貼付し，その新聞名，発刊年月日，版，見出しを記載する欄のほか，重要語の意味調べ，要約，記事に対する自分の意見，学校図書館にある関連図書などを記入する欄がある。

司書教諭が新聞の見出し，リード文，本文の関係について説明を行い，新聞スクラップ用のワークシートを用いて，スクラップ方法についての指導を行い，生徒が実際に作業を終了するまでが，1コマで実施できる。この授業を体験すると，実質25分から30分の作業時間で完成できることが体感できるため，この

表13-2　明治中学校2年生作文コンクールまでの流れ

	予定	実施内容	作業場所	持ち物
1	4月中旬～5月初旬	図書館または教室内で新聞スクラップについての説明を聞き，作業	図書館	スクラップ用のファイル，のり，はさみ，国語辞典，筆記用具
2	1学期中	担任の先生に新聞スクラップを提出（クラスごとに提出日指定。3枚以上）	個人（図書館）	
3	夏休み	作文コンクールを念頭において，新聞スクラップをする（10枚以上。日付が偏らないようにする）	個人	
4	9月第1週	夏休みの課題の新聞スクラップを提出	教室	
5	9月中旬	図書館で説明を聞き，新聞スクラップファイルをもとに「問い」を決定	図書館	スクラップ用のファイル，筆記用具，読書ノート
		「問い」が決まった人は資料を収集し，自分の意見を深めていく	教室	
6	10月中旬	アウトラインを作成。相互発表，修正	図書館	筆記用具，読書ノート，スクラップ用ファイル，アウトライン作成用紙
7	10月～11月	作文執筆	個人（教室／図書館）	
8	11月24日（火）	作文提出	教室	

後の新聞スクラップ課題を個別の宿題にしても，生徒はさほど負担に感じることはなく，課題をこなせるようである。その意味でも，学校図書館で1コマ分の作業時間を取ることには意義がある。

今回は，この新聞スクラップを作文のための「問い」を考える作業とし，問いを見つけた後に関連図書を読んで意見作文を書く，という作業を行った。

約半年かけて行う作業のうち，司書教諭がかかわるのは最初の新聞スクラップの説明と，問いを探し，アウトラインを作成する部分である。

図書館での解説ののち，実際に新聞スクラップを行い，提出するのはクラス内での作業となる。そして9月，その新聞スクラップを用いて，「問い」を探す作業となる。

実はこの作業に関しては，当初，国語科教諭が新聞記事の内容から気になった部分（話題）を取り上げて，それを疑問文や一文程度の短い意見文の形で書いてみよう，という指導を行っていた。しかしその後，生徒が提出した話題や意見文をチェックした国語科教諭から，新聞記事から見つけた疑問からすぐに作文を書かせることは難しいので，何かいい方法はないだろうかという相談があった。そのとき，司書教諭の立場からは，「どんなに良いテーマであっても，1冊も図書がないテーマでは，すぐれた作文を書くことはできない」ということを生徒に教えることはできないかと考えていたことを伝え，ふたりで話し合った結果，次の1コマを，生徒が現時点であげている話題について，関連する資料を複数探す時間とすることにした。このとき，国語科教諭と司書教諭で，記事から話題を取り上げ，問いをたて，調べる内容を決めてから図書を探す，という流れで作成したワークシートが図13-2に示したものである。

この図書を探すワークは，2コマ分，学校図書館で実施された。指導は教科担当教諭と司書教諭がティームティーチング（TT）で実施し，司書教諭からワークシートの使い方（問いの立て方，自分の意見の出し方，調べることの記入の仕方）などの解説と，図書を探すときのために，NDCについての解説を行った。中学1年生のときにもNDCについての解説を行っているが，今回は例えば「388」で探しきれない図書は「380」，それでもなかったら「300」の棚を探す，ということを具体的な図書の例をあげて解説したり，タイトルだけで

テーマにあった本を探そう！　　**最終決定**

組　　番　名前

記事番号		記事の内容（話題）		
問い（疑問点）				
自分の意見				
調べること（複数可）				
使えそうな本	書名		出版社／出版年	
	著者名		請求記号	／
	書名		出版社／出版年	
	著者名		請求記号	／
	書名		出版社／出版年	
	著者名		請求記号	／
	書名		出版社／出版年	
	著者名		請求記号	／

図13-2　新聞記事から問いと関連図書を探すワークシート

はなく目次を見ることについて例を挙げて説明したりすることで，中学１年生段階よりも一層の理解を深めた。また，出版年を記載するため，奥付についても説明を行った。この２コマで，生徒は自分があげたいくつかの話題や疑問点について，複数の図書を探すことができた。

なお，このワークシートは，すぐにこの形になったわけではない。作成を行ったのは司書教諭だが，当初，新聞記事を読んでテーマを決めるということを聞いていたため，学校図書館としては図書を探させるだけでもよいかと考え，単に資料を収集するだけのワークシートを作成した。その後，そのワークシートを見た国語科教諭から「できれば記事から読み取った話題と，それに対する自分の意見『～すべきだ』といったようなものを書かせる欄もほしい」との要望を受けた。さらにシートを作成し，その後，前述のような国語科教諭からの相談もあり，話し合いを重ねているあいだに，「問いを見つけさせてから，自分の意見を書かせた方がいいのではないか」と合意し，最初に紹介したシートの形となった。このように，教科担当教諭と司書教諭とで何度もやりとりをし

てワークシートを作成する時間があれば、双方にとってより満足のいくものを作成することができる。また、先述したように、最初は新聞を読んでテーマを決めて意見文を書く予定だったが、中学２年生ではまだ全体的に知識や経験が足りないため、新聞だけで意見作文を書かせようとしても、負担ばかりが大きくなることがわかり、話し合いの結果、途中で新聞から問いをみつけ、関連図書を読んで意見文を書く、という流れに変わった。

生徒たちには図書を探す作業を実施後、必要であればインターネット資料など、異なる複数の資料を探索する時間と、実際にその資料を読みながらメモをとる時間が約１か月与えられた。その後、アウトライン作成についての説明が１コマ、グループごとにアウトラインの発表を行って相互批評する時間が１コマあり、作文執筆に取り掛かった。

この授業は連続したコマで行われたのではなく、夏休み、文化祭、中間考査を挟んだ半年間のあいだに実施したものである。このように、調べ、読み、まとめ、書き、発表するという作業の場合、連続したコマではなく、数か月にわたって学校図書館が教科担当教諭や生徒のサポートにかかわることも多い。

（２）高校３年生英語

使用教科書および単元は『NEW TREASURE ENGLISH SERIES』（Ｚ会）の STAGE5, LESSON4「The Woman Who Loved Refugees」。ソマリアで難民支援をした女性医師、アナレナ・トネリ医師の伝記である。『NEW TREASURE ENGLISH SERIES』には、このように社会問題を扱った内容のものが多く含まれている。そのため、日本語であっても「難民の定義」「難民政策にはどのようなものがあるか」などをよく理解していない生徒にとっては、初出の英単語を覚えたとしても、内容の理解は浅い範囲でとどまってしまう恐れもある。そこで、教科書に関連して背景知識を得るという授業が、単元の内容によっては複数回行われた。この授業は、高校２年生時に行ったイングリッシュ・プレゼンテーションに関連した授業の復習の意味もある。与えられたテーマから独自性のあるテーマ（トピック）を探す方法や、各種データベースを用いて日本語だけではなく英語論文を探す復習も兼ねている。

今回は，英語科教諭から「ソマリアの難民支援という内容だが，どうしたら生徒たちの理解をより深めることができるだろうか」という相談を受け，まず英語科教諭，社会科教諭，司書教諭の3者で，生徒たちに知っておいてほしいこと，調べさせたいことを10のテーマに絞った。「ソマリア内戦」「難民の定義」「フランスの難民政策」といった教科書にそったテーマはもちろんだが，それに加えて，「アジアの難民」「日本の難民政策」「マザーテレサ」「国境なき医師団」といったものも加わった。生徒は，これらのテーマを3～4人のグループにわかれて，図書館の図書，雑誌，新聞およびインターネット（JapanKnowledge，スクールヨミダス，朝日けんさくくん，聞蔵Ⅱビジュアル，CiNii Article，Google Scholar，High Wire Press などの百科事典データベース，新聞データベース，論文探索データベースを含む）を活用して調査した。場合によっては，大学図書館や公共図書館に足を運ぶこともあった。最終成果物は模造紙に英語でポスターの形で作成し，完成後にはクラス全員の前で，英語による3分間プレゼンテーションを行うことで情報の共有を行なった。

　司書教諭は，テーマごとに資料を収集し，授業前に各テーブルに資料を用意したり，授業後はそれをブックトラックに別置したりするなど資料提供面での支援を主に行った。この学年に関しては，テーマからトピックを見つける方法や，海外文献の検索方法などについては，すでに複数回指導を行っているため，このときには資料提供を重視した。しかし，使用文献には英語文献を必ず利用しなければならないことになっているため，もし指導が行われていないようであったら，テーマの広げ方，絞り方はもちろん，英字新聞の検索や，英語論文の検索方法についても事前の指導が必要だったことはいうまでもない。

　グループで3分間という短いプレゼンテーションであっても，生徒たちはそのために「Refugees」という言葉を何度も用い，自分たちの伝えたいことと関連した文章がないかと何度も教科書を開くことにもなる。「難民政策」や「難民支援」という英単語が，英語が苦手な生徒を含め全員で共有されることにもつながっていくのである。グループ・プレゼンテーションが終了したのち，教科書の内容に入っていくが，この指導には司書教諭がかかわることはない。

　この授業では，調べることだけではなく，模造紙を使ったポスター作成まで

連続した4コマの授業が学校図書館での作業にあてられた。グループごとに広い場所が使えるという学校図書館の利点を生かした使い方である。教科担当教諭がこのように学校図書館や司書教諭の利用法について熟知していると，場所貸し，資料収集，別置といった形態の支援，テーマ設定等の指導など，教科担当教諭が必要とするさまざまな部分での支援が可能となる。

（3）英語多読

「英語多読」（「多読」と省略されることも多い）とは，文字どおり，英語の図書を多く読むことで，英語力を向上させる試みである。SSS（Start with Simple Stories）英語学習法研究会[2]が推奨する「辞書は引かない」「わからないところはとばす」「つまらなければやめる」の三原則がよく知られている。

本校図書館では，約5,500冊（2014年4月現在）の洋書を排架している。英語科教諭が洋書の書誌情報をエクセルのファイルに入れ，司書教諭がそれを学校図書館システムにインポートして蔵書データとしている。洋書上部にはすべてレベルと語数が色付きテープ（テプラテープ）で貼付され，これによって，レベル別の排架を行っている。蔵書管理の容易さと統計処理の簡便さに加え，学校図書館開館時にはいつでも自由に洋書を選択できる状態にあることは，英語科，生徒，そしてもちろん学校図書館にも大きなメリットがある。

一方で，英語多読の問題は，選書と蔵書構築の難しさにある。洋書を取り扱っている書店はそれほど多くなく，さらにいわゆるセット販売されている洋書の多くが絵本や絵本と同レベルのものを中心とした読みもの，あるいはOxford BookwormsやPenguin Readersのように，薄くて持ち運びには便利だが学習者用にリライトされたものである。英語多読は本来，簡単な英語を大量に読むことが奨励されている。とはいえ，本校生徒は明治大学進学のために英検2級，TOEIC450点以上が求められるため，中学卒業段階で英検準2級に合格し，中には英検2級に合格している生徒もおり，高校生では英検準1級に合格している生徒がいる。このような高校生にとっては，レベル分けされた絵本シ

2：SSS英語多読研究会「めざせ100万語！多読で学ぶSSS英語学習法」http://www.seg.co.jp/sss/，（参照 2014-09-25）．

リーズでは物足りなく，リライトされたものでも飽き足りなくなってくることは事実である。高校2年生以上の生徒からは，物語以外の洋書，伝記，自然科学，経済などに関連した洋書を読みたいといった声も出てくる。英語であるからといって読みものばかりを揃えてしまうことは，生徒の洋書に向き合う気持ちを失わせてしまうことになりかねない。

しかし，通常，和書を中心とする図書の購入については学校図書館が行っているため，セット販売の洋書であっても，英語科教諭にとっては購入方法がわからない場合もある。司書教諭は，購入方法や選書についても英語科教諭を支援することが大切である。特に，貸出・返却を学校図書館が行っている場合，人気のある洋書や生徒が好むレベル等については，英語科教諭にデータ提供して参考にしてもらうことも重要になってくる[3]。

3．まとめ

学校図書館と教科との連携は，教科担当教諭が学校図書館に来て授業を実施するだけのものではない。たとえば，学校図書館が日ごろから新聞記事を掲示したり，新聞や雑誌記事をファイリングしたり，授業に関連のありそうな事柄について展示を行ったりすることも，結果的には教科担当教諭の支援へとつながっていく。

本校では，教職員会議中の年次報告を行う際に，学校図書館利用についても説明を行うほか，中学校担任教諭全員に対して図13-3，13-4に示した『司書教諭利用法』という冊子を配布している。冊子では，学校図書館の予約法などといった基本的な利用方法の確認のほか，学校図書館が中学卒業までに生徒に身につけてもらいたいと考えている事項を6点あげ，過去に行った生徒によるブックトークやビブリオバトル，道徳での読書活動などの事例を実際に利用したワークシートとともに提示している。

3：英語多読の詳細については，次の文献を参照。
江竜珠緒，村松教子「明治高等学校中学校における英語多読：生徒の洋書選択に関する考察」『明高研叢』vol.11, 2011, p.75-95.

図13-3 中学校教諭に配布した『司書教諭利用法』の表紙

図13-4 中学校教諭に配布した『司書教諭利用法』の内容（一部）

教科との連携は一朝一夕で成り立つものではない。授業に使える資料を収集し，排架し，教科担当教諭との信頼関係を築くことが重要である。司書教諭には，能動的に生徒の能力を育成する部分と，教科担当教諭の支援という形態で生徒にかかわる部分とを見極め，生徒がよりよく学べるような環境を作っていくことが求められている。司書教諭になるにあたっては，ぜひこれらのことを心にとめて職務を果たしてもらいたい。同時に，以上のような事例を参考に，それぞれの学校図書館活動の活性化を図ることが望まれる。

〈授業にあたって参考にした文献〉
- 遊佐幸枝『学校図書館発　育てます！　調べる力・考える力：中学校の実践から』少年写真新聞社，2011，143 p.
- 池上彰『池上彰の新聞勉強術』文藝春秋，2011，263p.
- 桑田てるみ編著『中学生・高校生のための探究学習スキルワーク：6プロセスで学ぶ』全国学校図書館協議会，2012，119p.
- 桑田てるみ編著『学生のレポート・論文作成トレーニング：スキルを学ぶ21のワーク』改訂版，実教出版，2015，127p.
- 宅間紘一『はじめての論文作成術：問うことは生きること』三訂版，日中出版，2008，214p.
- 日本図書館協会図書館利用教育委員会，図書館利用教育ハンドブック学校図書館（高等学校）版作業部会編著『問いをつくるスパイラル：考えることから探究学習をはじめよう！』日本図書館協会，2011，123p.
- 河野哲也『レポート・論文の書き方入門』第3版，慶應義塾大学出版会，2008，116p.

第14章
中学校・高等学校における学校図書館の活用-2

　本章では，司書教諭の実践的職務のうち，明治大学付属明治高等学校・中学校において司書教諭が単独で授業を担当した事例について取り上げ，解説する。
　「卒業研究」や「卒業レポート」「課題レポート」などの名称で，6,000字以上，ときには1万語以上のレポートを課している学校は多い。生徒が自主的，自発的に課題を発見し，調べ，まとめるといった作業においては，その指導を国語科や社会科といった教科担当教諭や担任教諭が担うのではなく，司書教諭，あるいは特別に設けられた読書科や図書科といった科目の担当者が担うことがある。教科教諭や担任教諭が担当する場合にも，司書教諭がティームティーチング（TT）やティーチングアシスタント（TA）の形で加わることは多い。
　本章では，司書教諭が1人で担当したレポート作成指導の実践について紹介する。

1．レポート作成指導の事例

　ここで紹介するレポート作成指導は，明治大学付属明治高等学校中学校で2009年度から2013年度までの5年間，高校2年生を対象として実施されたものである。生徒の「調べる」「読む」「書く」「話す（発表する）」の4技能を伸長することを目的とし，学校独自の必修選択科目として設定された特化教育選択のひとつである。

（1）「図書科」とは

　まず最初に，本校の学校設定教科であった「課題学習」「卒業レポート」と「特化教育選択」図書科について説明する。本校では例年9割以上の生徒が明治大学に進学するため，受験準備のための授業ではなく，自分の力で考える生徒を育てる授業が重視されてきた。中でも，「基本的な学習の上に，あるいは併行して，自分自身の関心のありかを知り，それについて調べ，まとめ，発表するという主体的・能動的な学習体験を意図」[1]して設置された［卒業論文・レポート］は，2004年度の高校2年生から，高校2年生の「課題学習」（1単位）と高校3年生の「卒業レポート」（1単位）の2年をかけて実施してきた科目である。高校2年生では1クラスを3分割して「探す」「書く」「話す」を3人の教員がローテーションで担当し，生徒は1，2学期のあいだに「探す」「書く」「話す」の演習などを繰り返すことで，レポート作成に関する基礎的事項を学ぶ。3学期にはクラスの3分の1ずつの生徒を前述の3人の教員が固定で担当し，生徒はテーマを決定と仮アウトラインまで作成する。高校3年生では1クラスを2分割して担任と委嘱された教員とで担当し，生徒は構想を発表して練り直し，さらに資料収集，整理を行い執筆，最終発表としてプレゼンテーションを行う。この［卒業論文・レポート］は2008年度まで続けられ，司書教諭は高校2年生の「探す」を担当していた。

　共学化した生徒が高校2年生になった2009年度から設置されることになった「特化教育選択」も，同様の意図を持った独自の学校設定教科である。高校2年生の選択科目として，前期・後期に分かれた2時間連続の授業として行われた。「高校3年次の卒業研究や，将来の社会活動における調べ学習の素地を『書く』『話す』『伝える』『探す』の4観点で伸張させる」ことを目的にしたものである。生徒は，国語科「国語表現」，地歴科「ソーシャルスタディ」，英語科「英語コミュニケーション」，情報科「情報と表現」，図書科「課題学習」の5科目の中から，2科目を選択して受講した。つまり，この時点で，「課題学習」の中にあった「探す」が，図書科の特化教育選択「課題学習（のちに「探

1：松田孝志『心を揺さぶる授業：居場所づくりを支援する』NTS教育研究所，2008.2，192p.

究」に変更)」として生まれ変わったのである。特化教育選択では，これまで3分割されていた授業を1人で担当するため，「課題学習」の課題であったアウトプットと結びついていなかった情報探索・収集スキルを，レポート，論文作成と結びつけて教えることができるようになった。少人数で生徒の反応をみながら授業を構成できる点，半期を通じた授業計画がたてられる点等，利点も多くあった[2]。

ただし，この科目は2014年度高校2年生から開設されなくなったため，この章で記すことはすべて過去のものであることを最初にお断りしておく。

(2) 授業目的，指導計画

「図書科」の授業目的は，以下の5点である。

- 図書館資料を使いこなし，日常のレポート作成等に役立つ知識を身につける
- 資料検索，収集のスキルを身につける
- 収集した資料を批判的に読み解き，取捨選択する能力を身につける
- いわゆる小説，物語に限らない豊かな読書の力を身につける。批判的読解力を養う
- 基本的な図書館の利用法，資料探索法を学ぶことで，大学図書館，公共図書館にも応用できる生涯学習能力を身につける

上記の目的を達成するため，授業にあたっては司書教諭が作成した『レポート・論文作成法』(図14-1)という冊子を用い，全24コマ(2コマ連続授業のため，12週分)を下記のように展開した。夏休み中に6,000字以上のレポート課題が課されるため，1学期中にテーマ探索，仮アウトライン作成，資料収集の授業が設定されている。

2：なお，課題学習についての詳細は，上記の松田孝志教諭の著書のほか，次の実践報告にも述べている。江竜珠緒「司書教諭による図書館利用指導：課題学習＜探す＞の実践」『東京都の学校図書館』vol.45, 2009, p.22-31.

図14-1　冊子『レポート・論文作成法』表紙および目次

図書科　特化教育授業計画

第1回　オリエンテーション，NDCについての説明，OPAC，DB利用法
　授業の進め方，図書館での資料収集法（説明）
第2回　テーマ探索，NDC演習
　図書館での資料収集法（NDC演習），論文・レポート概論，テーマ探索1
第3回　参考図書演習，テーマ探索2
　図書館での資料収集法（参考図書演習），テーマ探索2
第4回　SIST，ディスカッション方法説明
　参照・参考文献の書き方（SIST），図書館での資料収集法（振り返り），ディスカッション実施方法
第5回　レポートの構成を考える・仮アウトラインを考えよう
　論文構成・仮アウトライン解説，仮アウトライン作成（演習）
第6回　ディスカッション1，仮アウトライン作成
　個別相談
第7回　ディスカッション2
　資料収集，仮アウトライン再検討

第8回　ディスカッション3
　　本文および参照・参考文献の書き方
第9回　ディスカッション4，資料収集，執筆
第10回　ディスカッション5，資料収集，執筆
夏休み　執筆
第11回　レポート提出，相互批評
第12回　修正，相互批評，総括

2．「図書科」の授業内容

以下，レポート作成に関する授業内容について紹介する。

第1回　オリエンテーション，図書館の基本的な利用法（「日本十進分類法」）

オリエンテーションでは，「図書」という授業の目的，今後の授業予定，評価方法などについての確認を行った。授業予定が事前に示されることで，どの時期にどの段階にいなければならないかということを生徒に知らしめるためである。前ページの授業計画は，そのときの生徒配布プリントを一部加工したものである。

2コマ目の時間には，OPAC（Online Public Access Catalog：オンライン利用者用目録）検索と図書館の排架，『日本十進分類法（NDC：Nippon Decimal Classification）』（以下，NDC）と請求記号ラベルについてなど，資料探索の基本的な事項について詳しく説明を行った。学校図書館の利用については入学時のオリエンテーションで説明を聞いただけで，授業で使った覚えはないといった生徒も多い。ここでNDC，ラベル，排架について説明をすると同時に，図書の各部の名称，「書誌的事項」といった用語，書店と図書館の図書の違い，などについても触れた。OPACとラベルの関係や，NDCについては，説明後の感想として，非常に興味深く，もっと早く，高校1年生の時点で知りたかったと述べた生徒も多かった。

第2回　NDC演習，テーマ探索

第1回目の授業の復習として，図14-2に示した演習用紙を使って実際に自分でNDCを予想して図書を探す演習を行い，実践的能力を身につけるような演習を実施した。このプリントは全国学校図書館協議会発行の『図書館・学習法ノート』[3]を参考にして作成した。第1回目の解説の段階ではぼんやりしている生徒も，演習に

3：全国学校図書館協議会図書館・学習法ノート編集委員会編『図書館・学習法ノート』改訂版，全国学校図書館協議会，1994，68p.

2.「図書科」の授業内容 | 197

```
                    高Ⅱ    番    名前
次のようなことが書いてある本を探す場合，どの分類の書架を見たらよいか。（例）のようにま
ず予想をたてて，分類番号を記入してから，その分類の書架へ行って実際に本を探して書名と出
版者名を書きなさい。予想と違っていたら正しい分類番号を入れなさい。大きな二桁が合ってい
れば良い。
この作業は早さを競うものではありません。本を探しに行ったときには，その書架の周りにどの
ような本があるのか眺めてみること。また，探し出した本については少なくとも「表紙」と「奥
付」をチェックし，もっともふさわしいと思われる本を選択すること。
```

探したい本	予想した分類番号	書名（出版者名）	正しい分類番号
（例）家庭菜園について書いてある本	62	こんなときどうする野菜づくり百科（家の光協会）	<u>6</u>26
アメリカの歴史について			
星座について			
いじめについて			
生命多様性について			
まんがの描き方について			
世界の衣装について			
酸性雨について			
臓器移植について			
聖書について			
コマーシャルについて			
夏目漱石の作品についての解説			
少子高齢化について			
作文，文章の書き方			

図14-2　NDC 演習用紙

なると張り切って書架の間を行き来して熱心に図書を探すことが多い。この演習によって，思いがけない図書が学校図書館にあることを知って興味を持つ生徒もいる。なお，全員同じ設問にすると，どうしても他生徒のものを写すことがあったり，同じ書架に集中してしまったりするため，設問用紙は数問の重なりがあるとはしても，すべて違う問題を解くようなものを人数分作成した。

　2コマ目では，テーマ探索方法についての解説である。マンダラート法[4]やマインドマップ[5]など，複数の手法を見せた。マンダラート法は，九つのセルの中央にテーマを書き，周囲の八つのセルにアイデアを埋めていく思考法であり，マインドマップは中央にテーマを書き，そこから放射状にキーワードやイメージを記していくものである。多くの生徒は知識量，情報量が少ないためにテーマが探せないということさえ気づけない状態にある。そのため，8のセルに強制的にアイデアを記さねばならないマンダラートのほうが，実際的で役に立ったという生徒が多かったようである。とはいえ，どちらにしてもテーマを設定するようにいわれてもほとんどの生徒が呆然とするばかりである。そこで，実際にテーマを決定するのは第5回目以降（約1か月から1か月半後）であるが，テーマ探索のためには，ある程度の知識が必要なこと，そのためには図書や雑誌，新聞を読む必要があること，何もないところからテーマは生まれないことを伝え，1コマ目のNDC演習を活かして資料収集に力を入れた。

第3回　参考図書について

　本校図書館では，図書館入口近くに参考図書書架を配置し，3,000冊近い辞書，事典，白書等を排架している。しかし，国語辞典や百科事典を利用したことはあっても，白書や専門事典は利用したことはない，どんなものかさえ知らないという生徒は多い。そこで，国語辞典，百科事典，専門事典，白書等について解説を行った後に演習を実施した。

　設問は全部で3問（図14-3参照）。百科事典や専門事典を使用するもの，白書や国勢図会を使用するもの，自分のレポート内容に関するもの，となっている。ここで白書や国勢図会が卒業レポートに役立つことに気づく生徒も多く，この授業の後，図書科のレポートに限らず，さまざまなレポートの作成時における白書や国勢図会の利用率は高くなった。この設問用紙に関しては，全員がまったく別の問題を調べることになっている。次の授業では他にどんな問いがあったかを明らかにし，調べ

4：今泉浩晃『マンダラMEMO学：Mandal-Art 脳のOSを創る』オーエス出版，1998，246p.
5：ブザン，トニー，ブザン，バリー，神田昌典訳『ザ・マインドマップ』ダイヤモンド社，2005，318p.

2. 「図書科」の授業内容 | 199

```
                                          組   番  氏名
次の問について，辞書や事典等を使って答えなさい。
また，使った資料については，その出典を書きなさい。複数の資料を用いた場合には，主に利用したものの出典を
書くこと。また，全文引用の形ではなく，自分の言葉でまとめて書くこと。

夫は外で働き，妻は家庭を守るべきということについて，賛成の人と反対の人はどちらが多いか。これについて調
べられる参考図書はなにか。また，年代別の結果からどのようなことが読み取れるか。
```

書名	
著者名	
出版社	出版年
利用したページ	

能において，「物着」とは何か。

書名	
著者名	
出版社	出版年
利用したページ	

自分のレポートに必要な情報について調べてみよう

書名	
著者名	
出版社	出版年
利用したページ	

図14-3　参考図書演習用紙（例）

方の解説を再度行う。調べる前の授業よりも，演習した後の授業の集中力が高いことはいうまでもない。

第4回　参照・参考文献の書き方

　自分の意見と他人の意見を区別して書くためにも，この授業は非常に重要である。悪意のない盗用であっても，参照元を明記しないレポートはあり得ないことを徹底して指導する。これまで課されてきたレポートでは1冊の図書をまとめて意見を述べるといった形式のものが多いためか，複数の文献を利用したときには，参照元を明記する必要性をあまり感じていない生徒が多いこともあり，本時の授業は非常に重要である。参考文献の記載法としては，『科学技術情報流通基準SIST02』[6]を解説し，図14-3の演習用紙を使って実際に図書，雑誌等の記載について演習を行った。種々ある記載法の中からSIST02を選択した理由は，基準が明確なため，一度理解すると他への応用も容易になること，インターネット上に「引用・参考文献の書き方」テンプレート[7]が公開されていること，などの理由による。なお，引用方法については，実際に書き始める前に，もう一度，改めて詳細な指導も行う。

　なお，この時間が比較的早い段階で設定されているのは，情報カードの提出時点で参照元を明記させるためと，第6回から始まるディスカッションのために提出するミニレポートのためである。

　2コマ目は，ディスカッションについての説明を行い，練習として防災ゲーム「クロスロード」というカードゲームを実施した。「クロスロード」についての詳細は，『防災ゲームで学ぶリスク・コミュニケーション』[8]『夢みる防災教育』[9]などの書籍を参考にしていただきたいが，このゲームは基本的には賛成か反対かがはっきりした問いが投げかけられ，それについて自分の意見をYESまたはNOのカードで伏せたまま前に出し，合図とともに伏せて出したカードを一斉に開いたとき，グループ内で人数が多い方になるか，グループ内でただ一人の存在になるかでポイントが与えられる。もちろん，このゲームの目的はポイント数を稼ぐことではなく，防災に関しての意識を高めることである。しかし，どんな物事に対しても一概に賛成，反対を出すのが難しいこと，自分が正しいと確信していることに対しても反対意見

6：科学技術振興機構「科学技術情報流通技術基準：参照文献の書き方」http://sist-jst.jp/handbook/sist02_2007/main.htm，（参照2014-11-20）．
7：日外アソシエーツ「「引用・参考文献の書き方」作成テンプレート」http://inyo.nichigai.co.jp/，（参照2014-09-03）．
8：矢守克也，吉川肇子，網代剛『防災ゲームで学ぶリスク・コミュニケーション』ナカニシヤ出版，2005，iv，175p．
9：矢守克也，諏訪清二，舩木伸江『夢みる防災教育』晃洋書房，2007，v，255p．

を持つ人がいるという多様な視点を学ぶことができるという点でも，非常にすぐれたゲームである。また，ゲームを通じてざっくばらんに意見をたたかわせることで，今後，ディスカッションにおいても互いに意見をたたかわせやすい土壌を作ることもできる。

　ディスカッションは，第6回から夏休み前までに，各クラス5回から6回程度実施した。詳細については別項を設けて説明する。

第5回　レポートの構成を考える・仮アウトラインを考えよう

　1コマ目は，帰納法，演繹法を使ったレポートの構成について紹介し，章立て，各章の分量（文字数の割合）等についての説明を行った。そのうえで，2コマ目は自分のレポートはどのような流れで書けばいいのかということを考える時間を取った。これまで，多くの生徒たちは，テーマが決定したら資料を集めつつ書く，という方法で論文を執筆している。しかしながら，600字レポートと6,000字以上のレポートでは，その書き方はまったく異なっていること説明し，事前に構成を考えることの重要性を伝えた。

第6回　ディスカッション1，アウトラインの作成

　1コマ目は，第4回で説明した方法に従ってディスカッションを実施した。2コマ目は前回に引き続き，アウトライン作成を行った。この時間以前にもテーマ設定や資料収集などの個別相談を行っているが，それはほとんどが授業時間以外，昼休みや放課後といった時間である。そのため，ほとんど相談できていない生徒と，アドバイスを受けたうえで作業を進めている生徒とにばらつきが生じてしまう。そこで，ここでは授業時間内に個別相談の時間を設け，まだ決定したテーマに自信がない生徒や，アウトライン作成につまずいている生徒の相談に応じた。また，生徒たちには，第7回目の授業前に，完成させたアウトライン作成シートを提出することが求められた。

第7回　ディスカッション2，アウトライン再検討

　1コマ目はディスカッションの2回目である。2コマ目は，アウトラインの再検討の時間である。提出済みのアウトライン作成用紙に赤入れしたものを返却し，特に要注意の生徒とは改めて個別相談を実施する。このままでよいと認められた生徒は，引き続きの資料収集や，実際の執筆に取り掛かる。

第8回　ディスカッション3，本文および参照・参考文献の書き方

　1コマ目はディスカッションの3回目である。2コマ目は，本文および参照・参考文献の書き方である。すでに参照文献の書き方については説明する時間を設け，ディスカッション時にも引用した文章を書いているはずだが，ここでは，ディスカッション用レポートで多くの生徒が犯しているミス，間接引用と直接引用について

など，改めて詳細な説明の時間を取った。ミニレポートを3回書いているので，具体的に自分の文章のどこが悪いのかという指摘を受けているため，1回目の説明では理解できていなかった部分がここで理解できるという生徒もいる。

第9回，第10回

夏休み前の2回の授業は，どちらも1コマ目はディスカッション，2コマ目は資料収集と執筆の時間である。なお，この資料収集と執筆の時間には，必要に応じて個別相談を実施し，特につまずいている生徒のサポートを行った。

第11回　レポート提出，相互批評

夏休み明け，各自が執筆して提出したものを相互批評する時間である。このときには，1作品あたり20分ずつ，それぞれが赤入れしていく方法をとる。50分1コマの授業が2コマ分あるので，生徒たちは自分以外の作品を5人分読むことになる。他人のレポートだからこそ客観的になって指摘できる部分もあり，2コマが終わった後には，それぞれ多くの修正点が指摘されたレポートを手にすることができる。生徒たちは，この指摘されたレポートと，担当者が赤入れしたレポートの二つをもとに，次回以降，さらに1か月かけて修正を施していくことになる。

第12回　修正，最終相談，総括

1コマ目は，各自が先週もらった修正点をもとにレポートを修正する時間である。同時に最終の個別相談の時間を設けて，指摘はされたものの自分では直したくない部分や直しにくい部分，読み手に誤解されたところをどのように書けば間違いがないか，などということについてアドバイスを行った。2コマ目は総括として，これまでの授業を振り返った。

3．進捗メモとディスカッション

（1）進捗メモ

本章2で紹介したように，レポート作成の授業は各クラス約12回の授業として実施した。レポートを書くにあたっての基礎事項の説明を受け，テーマを設定し，資料を収集，アウトラインを作成して執筆，相互批評の上で校正，という流れである。

しかし，ただこれだけの授業では，生徒が本当に段階を踏んでレポート作成に臨んでいるのかどうかはわかりにくい。そこで，授業にあたっては，毎回，進捗メモのシートを提出してもらうことにした（図14-4参照）。

「前回までの授業」については，その日に受けた授業の内容であるので，授業時間に余裕のあるときには2コマ目の最後の10分程度，記入の時間を取ることもあった。「今週の授業準備」は，授業から授業までの1週間，自分が何をしたかを記す部分である。少なくとも，図書や新聞を読む，テーマについて漠然とでも考えるといった作業をしなくては，ここの記入はできない。中には入手した資料を添付してくる生徒，NDC演習の後の日曜日に公共図書館に行って，公共図書館の請求記号を確認してくる生徒など，かなり発展的なことにまで取り組んだ生徒もいた。

　なお，この進捗メモには自己評価欄があるが，熱心な生徒ほど自分の評価を低く見積もりがちなので，この自己評価点をそのまま教員の評価に活かすことはない。

　グループの中に1人でも非常に熱心な生徒がいると，最初の数回はいい加減に取り組んでいた生徒も次第に熱心に取り組むようになり，最終回までにはA4では不足するほどぎっしりと書き込んでくる生徒ばかりになった。

(2) ディスカッション

　ディスカッションは，指定された新聞記事や雑誌記事，論文などを読み，ミニレポートを提出したうえで意見をたたかわせるといった形式のものである。ミニレポートを実施する意義のひとつは，文章の書き方，脚注のつけ方，参照文献の書き方などを，実際に記すことで身につけられることである。また，同じ文献に対する違った視点を知ることで，自己中心的になりがちな論文作成の姿勢を改めることにもつながる。

　ディスカッションでは，各組，レポーターが1人，その他がコメンテーターとなり，一つのテーマについて話し合う。レポーターは指定された文章の要約のほか，ディスカッションの基本となるような疑問点を挙げて問題提起するために，自分で入手した複数の資料を読んでくることが求められる。コメンテーターは，基本的には指定された文章を読んで，自分の意見を書いてくるだけでよいが，もちろん，複数の資料を読んで問題提起をすればなお良い。テーマは，「死刑」「赤ちゃんポスト」「原発」「レジ袋有料化」など，レポーターが自分で

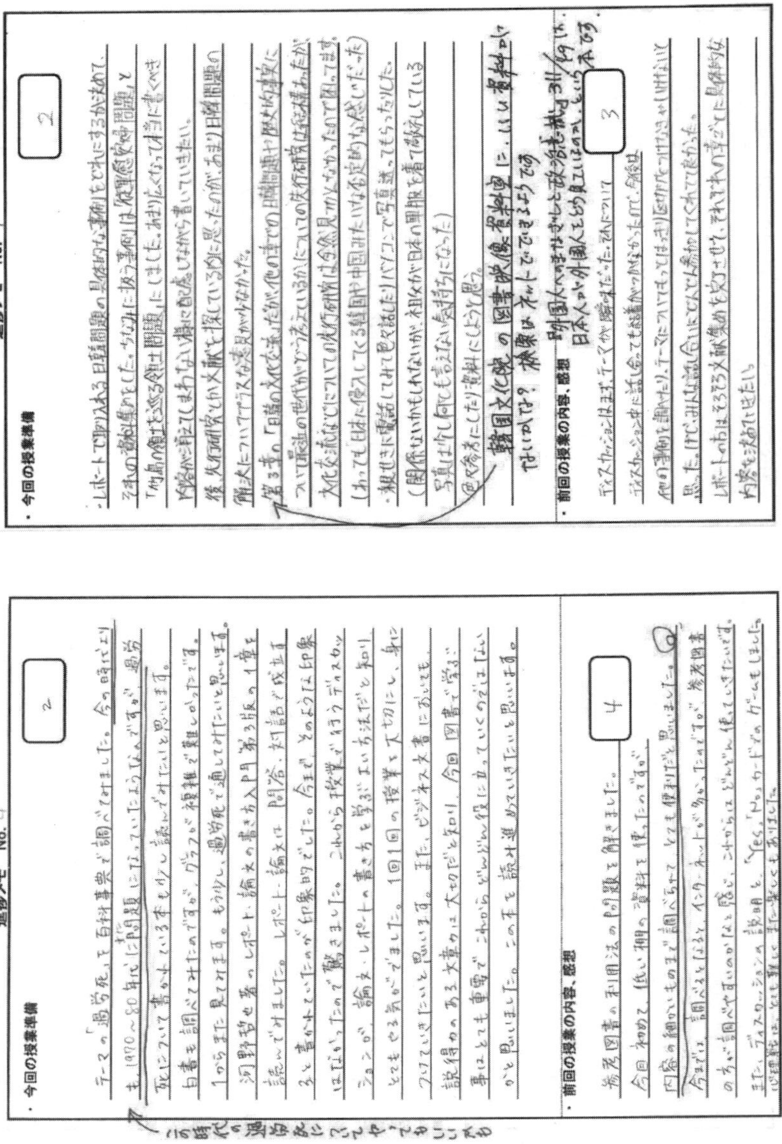

図14－4　進捗メモ（例）

やりたいテーマを選ぶ。最初に全員が共通して読むべき基本資料は，事前に司書教諭が用意するか，レポーターと司書教諭が話し合って選択する。ディスカッション当日は，レポーター提出のミニレポートを全員に配布したうえでディスカッションを開始し，授業終了後，レポーターおよびコメンテーターのミニレポートを回収する。

　先に述べたように，このディスカッションを始めた目的は，ミニレポートを書くことで，文章を書くことに慣れること，あるテーマに関して複数の意見があることを知ること，などであった。そして実際，これによって脚注の付け方のミスを修正されたり，直接引用だけではなく間接引用の書き方を学んだりといった，レポートを書く練習になったことは事実である。しかしながら，生徒たちがもっとも有意義だと感じ，授業後にこのディスカッションが非常に楽しかったと述べたのは，自分の意見をいかに伝えるかという工夫が必要だった点，同級生が物事にどのように取り組み，考えているのかということを知ることができた点だった。

　テーマが賛成，反対，双方の意見が生まれやすいものだったため，どの回においても意見がわかれ，それぞれが意見を戦わせることができた。また，ミニレポートを事前に準備しておくことで，口下手な生徒や，普段はあまり発言することのない生徒でも発言の機会を持つこともできた。そのような状況の中で死や生，現代社会の問題点について深く話し合えたことは，生徒たちにとっては非常に新鮮な体験だったようである。臓器移植をめぐる話し合いの中で，家族への愛情を語ったり，死刑問題をめぐる話し合いの中で強い正義感を発揮したりと，ふだんは目にすることのない同級生の意外な一面を知ることができて感動した，という感想を述べた生徒もいた。

　そのため，これも進捗メモと同じように，最初のうちは適当に書いていた生徒であっても次第に熱心になり，ミニレポートとはいえない長さのレポートが提出されてきたり，複数の資料が提示されたりと，1コマでは収めきれないような充実した議論となることが何度もあった。

　なお，ディスカッションの授業を応用した方法で，問題意識などを書いたミニレポートを共有したうえで読書会を実施した生徒たちが，朝日新聞社・全国

学校図書館協議会主催の「第5回どくしょ甲子園」で最優秀賞を受賞した[10]。問題意識を文字化し，共有したうえで話しあうという形式は，社会的な問題を話し合うというだけではなく，読書会にも使えることがわかった。

4．まとめ

　この授業は，高校3年生で実施される必修選択「卒業研究」につながるものであった。卒業研究では，「ことばの力」「現代社会をみる」「歴史研究」「西洋建築史」「フードデザイン」など，18の科目から1科目を選択し，約1年間かけて担当教諭の授業を受けながら，8,000字以上のレポートを提出することとなっており，優秀者は高2，高3の全生徒の前でプレゼンテーションを実施するなどの発表会も実施していた。しかしながら，はじめに述べたように，この授業は現在，実施されることはなくなってしまった。

　このような授業がなくなる，あるいは初めから設置されない理由には，少人数クラスでの実施が望ましい一方で，指導できる教員の確保，教室割りや時間割編成の困難など，現実的な制約が存在するからである。加えて，「短い文章もちゃんと書けない生徒に，長い文章を書かせても仕方ない」という意見や，進学校においては「大学受験のための授業を削ってまで論文指導をすることはできない」という否定的な意見が出てくることも考えられる。

　しかし，大学入試改革も進む昨今，批判的読解力，論理的思考力を身につけることのできる論文作成指導はますます重要になってくるとも考えられる。学校図書館にとっても，9類以外の図書を読む生徒が増え，読書指導以外の場面で学校図書館が活用される非常に良い機会でもある。さまざまな困難はあるが，高校生のあいだに長文レポートに取り組むことの意義は十分にある。司書教諭として，論文作成指導への関わりが増えてくることも想定される。司書教諭に

10：「本の世界，仲間と探検：入賞作紹介　第5回どくしょ甲子園」『朝日新聞』朝日新聞社，2014.11.30，p.16.
　　どくしょ応援団「どくしょ甲子園：Let's 読書会，高校生!!：「第5回どくしょ甲子園」受賞作発表！」http://www.asahi.com/shimbun/dokusho/koshien/，（参照2015-02-01）．

なるにあたっては，小論文作成，論文指導に関連する図書などを複数読み，生徒に指導できるようにしておく必要がある。

〈授業にあたって参考にした文献〉
- 河野哲也『レポート・論文の書き方入門』第3版，慶應義塾大学出版会，2008，116p.
- 木下是雄『レポートの組み立て方』筑摩書房，1994，269p.
- 櫻井雅夫『レポート・論文の書き方上級』改訂版，慶応義塾大学出版会，2003，244p.
- 成川豊彦『成川式文章の書き方：ちょっとした技術でだれでも上達できる』新訂版，PHP研究所，2003，277p.
- 戸田山和久『論文の教室：レポートから卒論まで』日本放送出版協会，2002，297p.
- 宅間紘一『はじめての論文作成術：問うことは生きること』三訂版，日中出版，2008，214p.
- 伊丹敬之『創造的論文の書き方』有斐閣，2001，287p.
- 科学技術振興機構「科学技術情報流通技術基準：参照文献の書き方」SIST 科学技術情報流通技術基準，http://jipsti.jst.go.jp/sist/handbook/sist02_2007/main.htm，(参照2015-11-07)．
- 日本図書館協会総合監修，仁上幸治，野末俊比古監修『レポート・論文を書こう！：誰にでも書ける10のステップ』紀伊國屋書店，2007，41p.（情報の達人；3）．
- 片岡則夫『情報大航海術：テーマのつかみ方・情報の調べ方・情報のまとめ方』リブリオ出版，1997，239p.
- 桑田てるみ編著『中学生・高校生のための探究学習スキルワーク：6プロセスで学ぶ』全国学校図書館協議会，2012，119p.
- 桑田てるみ編『思考力の鍛え方：学校図書館とつくる新しい「ことば」の授業』静岡学術出版，2010，241p.
- 松田孝志『居場所づくりを支援する：心を揺さぶる授業』NTS研究所，2008，192p.

第15章
探究的な学習成果の評価と図書館の情報資源の活用

　本章では，探究的な学習の成果を取り上げ，その評価の視点を中心に解説する。また，探究的な学習に必要な情報源として，その利用が推奨される国立国会図書館がインターネット上で提供している情報源について紹介する。

　探究的な学習における学習の要点と図書館情報資源について述べる。探究的な学習の成果物は学外に公表されることが少ないため，既存のコンクールを対象に受賞作品を分析する。それらの作品では，紙媒体情報資源からのみならず，インターネット情報資源の活用やフィールドワークも用いて活発な調査が展開されている。そこで，インターネット情報資源や地域情報資源についても解説する。

1．探究的な学習の分析と評価

　「図書館を使った調べ学習コンクール」をもとに，探究的な学習の分析と評価を検討する[1]。同コンクールは図書館振興財団が主催するイベントで，全国学校図書館協議会の読書感想文・感想画コンクールと双璧をなす事業となりつつある。近年では個人での応募の他，地域コンクールとして総合的な学習，学校

1：図書館振興財団「図書館を使った調べる学習コンクール」http://www.toshokan.or.jp/contest/，(参照2014-12-17).
　「図書館を使った調べる学習コンクール」は2014年度で第18回を迎える。2014年度の応募総数は57,070作品，うち小学生41,230作品，中学生14,792作品，高校生975作品であった（その他にも大人の部門等あり）。地域コンクールも盛んで，51,722作品が64団体（25都道府県，57市区町村）からエントリーされている。

の課題としての夏休みの自由研究，ゼミや卒業研究等からの作品を目にする機会が増えてきている。コンクールの部門のうち，本章で取り上げる事例では小学生の部，中学生の部，高校生の部を対象に分析をしてみたい。

コンクールの審査基準としては以下が公開されており[2]，調べる学習のポイントと言うことが出来る。

〈小学生・中学生・高校生の部審査基準〉
(1)学校図書館や公共図書館の資料・情報を活用した研究・調査であるか
(2)発達段階に応じたテーマであるか
(3)的確な資料・情報収集ができているか
(4)複数の資料・情報を活用しているか
(5)使用した資料・情報の出典が明示されているか
(6)調べる目的，方法，過程などをきちんと示しているか
(7)資料・情報をもとに，自分の考えをまとめているか
(8)調べる過程や作品に，主体的に学ぶ喜びが読みとれるか
(9)情報の整理や表現方法が工夫されているか

本章ではこのコンクール審査でよく議論される2点を取り上げたい。
まず一つに，「(3)的確な資料・情報収集ができているか」「(4)複数の資料・情報を活用しているか」「(5)使用した資料・情報の出典が明示されているか」に関わる部分となる文献の用い方である。文献を自分の言葉でまとめ，参考文献リストに列挙するだけという作品を見ることがあるが，文献の記述なのか自分の意見なのかが分からない，どの部分が該当するのか分からないといったものが散見される。参考文献と引用文献の違いおよびその書き方をきちんと把握しておく必要がある。

2：図書館振興財団「図書館を使った調べる学習コンクール　結果報告」冊子（毎年）に部門ごとに掲載。2014年度は以下に掲載。
　　図書館振興財団「審査基準」『図書館を使った調べる学習コンクール第17回結果報告』2015，p.19.

また,「(6)調べる目的,方法,過程などをきちんと示しているか」に相当する構成も重要である。長く書けばよいというものではないし,課題などで規定量に達したから終わらせるというものでもない。仮説を立てて検証しているかも含め構成を考えてまとめることが重要である。

コンクール受賞作品をもとに,それらから明らかになっている特徴を整理してみる。

(1) テーマ選択に関する特徴

学校で調べ学習を行う際は,テーマ設定,資料の収集と提供,まとめ方と,指導側はその準備に苦労するあまりか,学校側が準備したテーマから選択したり,与えられた資料のみのまとめで終えがちではないだろうか。しかしながらコンクール応募作品には「なぜそのテーマにしたのか」「なぜそのことに興味を持ったのか」と関心を持つものが多い。

身近な疑問を解決する,尊敬する人を調べる,ニュースや新聞記事から調べる,大好きなことをみんなに知らせたい,体の不思議を調べる等,テーマはふとしたきっかけで出会えるものである。そういった要求や疑問を大切にしたい。

例えば,「どうして寝なくちゃならないの?」では[3],人はなぜ寝なければならないのか,寝ないとどうなってしまうのかを検証するため自ら徹夜に挑戦するという実験を行っている。「ぼくのそだてたはつかだいこん どうなるぼくの20日かん!」では[4],はつかだいこんという名前なのだから20日で育つのではないか,いちごのように赤くて丸いからいちごのように甘い味がするに違いないという仮説を立て,調べを行っていく。外遊びが大好きな児童は足を骨折し車いす生活を余儀なくされたことから骨について調べ,「ほね」という作品をまとめている[5]。「高松塚解体新書 日本は文化財を守れるか」は[6],高松塚古墳

3:第10回文部科学大臣奨励賞受賞「どうして寝なくちゃならないの?」袖ヶ浦市立長浦小学校2年福田亮子「テーマの決め方・選び方」『あうる』no.76,2007,p14.

4:第11回文部科学大臣奨励賞受賞「ぼくのそだてたはつかだいこん どうなるぼくの20日かん!」袖ヶ浦市立奈良輪小学校1年竪石鼓太郎「小学一年生はどう調べる?」『あうる』no.83,2008,p4-9.

5:第13回優秀賞日本児童出版協会賞受賞「ほね」府中市立府中第二小学校2年柿木孝介「受

の壁画が劣化した事実から国の文化財保護の方法はそれでベストだったのかどうかを批判的に検証するという高度なものであった。

(2) 多様な調査方法と言語活動の充実

　なぜそのことがそんなに気になったのだろうかと大人からしたら日頃気に留めないようなことであったり、児童生徒がそれらに向き合う感性には驚きを隠せないこともある。調査の方法も文献からのまとめのみならず、実験・観察・インタビュー・フィールドワークと多岐にわたる。「いちごの粒粒にかくされた真実」では[7]、いちごの粒々は何なのかを明らかにするために、粒々をピンセットでひとつずつ取り除いてみたり、土に蒔いてみたりする。「世界地図に名を残す日本人　間宮林蔵」では[8]、当時の道具を自作した上で測量し地図作成に挑戦する。全校生徒が6人という島の分校全員で取り組んだ「ふるさとの歴史　相島石塚群の謎に迫る」では[9]、調べたことをもとにディベートを行ったり、成果をパンフレットにまとめて町役場や渡し船の待合所で配布したりしている。複数人での取り組みであったことや学校の授業として実施したこともあろうが、レポートにするだけではない言語活動に展開していることにも注目したい[10]。

　　賞者に会いたい：「骨折」から調べることが始まった！」『あうる』no.95、2010、p26-31.
6：第12回優秀賞図書館の学校賞受賞「高松塚解体新書　日本は文化財を守れるか」清教学園高等学校1年竹嶋康平「『高松塚解体調書―日本は文化財を守れるか』で伝えたかったこと」『あうる』no.91、2011、p2-10.
7：第14回優秀賞日本児童教育振興財団賞受賞「いちごの粒粒にかくされた真実」袖ヶ浦市立平川中学校2年川島瞭子「発表！第14回図書館を使った調べる学習コンクール」『あうる』no.99、2011、p11.
8：第14回優秀賞図書館の学校・日本児童教育振興財団賞受賞「世界地図に名を残す日本人　間宮林蔵」慶應義塾普通部1年油下知広「受賞者に会いたい：油下知広くん間宮林蔵と同じやり方で測量してみたい!!」『あうる』no.102、2011、p2-7.
9：第13回文部科学大臣奨励賞受賞「ふるさとの歴史　相島石塚群の謎に迫る」新宮町立新宮中学校相島分校三島優香さん［ほか5名］「受賞者に会いたい：島の分校、全員で調べ、考えた」『あうる』no.94、2010、p26-31.
10：文部科学省は『言語活動の充実に関する指導事例集』小学校版（2011.10）、中学校版（2011.05）、高等学校版（2012.06）を取りまとめている。
　　文部科学省「現行学習指導要領・生きる力：言語活動の充実に関する指導事例集」http://www.mext.go.jp/a_menu/shotou/new-cs/senseiouen/1300990.htm、（参照2015-08-17）.

(3) 探究的な学習をサポートする人的要素

　学齢が低い児童だと，特に大人のサポートは欠かせない。例えばテーマに合った子ども向けの資料不足を補うためにとことん探したり，場合によっては一般資料を読解したり，フィールドワークの引率，インタビューのアポイントメント等，調べ学習にはさまざまな準備とサポートが必要である。「しゃべる―私とお兄ちゃんのコミュニケーション―」は[11]，障がいがあって話すことができない兄とスムーズにコミュニケーションを取るにはどうすればよいかを検証するのであるが，脳に関する図書が難しかったこと，関連団体の専門の情報を活用していること，手話やマカトン法は養護学校の先生や両親から教えてもらったことを振り返りで述べている。

　作品やその後の取材からは家族が仲良しであったり，教師・司書教諭・司書，専門家といった大人と積極的に係わるというコミュニケーションの高さを感じる。翻って考えると児童生徒からのアプローチを待つのではなく，教諭・司書教諭・司書が出来る限りの準備やひとりひとりへの配慮・対応をすることも調べ学習をよりよいものにする要件であるといえよう。なお，同コンクールには指導者の部門もあるので参考にされたい。

　以上，既存のコンクールを取り上げることで探究的な学習の分析と評価を行った。取り上げたのは教科・学習に直結していないものが多かったため自由研究，総合的な学習の時間，言語活動の範疇になるかもしれない。しかしながら，児童生徒の探求心の可能性を感じることができるし，それを形にする過程で学べることは多い。

　同コンクールについては根本らが調査・分析を行い，図15-1に示した効果が見て取れることが報告されている[12]。

11：第10回文部科学大臣奨励賞受賞「しゃべる―私とお兄ちゃんのコミュニケーション―」袖ヶ浦市立蔵並小学校3年浜﨑芽生「受賞者に会いたい：作品『しゃべる～私とお兄ちゃんのコミュニケーション』」『あうる』76，2007，p20-25．
12：根本彰「図書館を使った調べる学習コンクール　その効果について総合的に評価する」『あうる』no.99，2011，P36-41．
　　根本彰編著『探究学習と図書館　調べる学習コンクールがもたらす効果』学文社，2012，157p．

〈小学生の部〉
1. 身の回りの現象に対して「疑問」を持ち，それを問いとして発信する能力
2. 文献だけでなく，実験・体験やインタビュー調査を含めた様々な方法を組み合わせてアプローチする能力
3. 調べるための基本手段として，図書やインターネットを活用する能力

〈中学生の部〉
1. メディアや過去の経験から，解決すべき課題をみつけて定式化する能力
2. 文献調査やインタビュー調査，体験活動で調べたことを根拠として，課題に対する解決策を提示する能力
3. 必要に応じて，図書と電子資料以外の多様な資料を選択して調べる能力

〈高校生の部〉
1. テーマとして調べる範囲を十分に絞り込む能力
2. 絞り込んだテーマに応じて，より妥当な調査方法を選択する能力
3. 信頼性に応じてメディアを取捨選択して活用する能力

図15-1　受賞作の分析から明らかになった効果

2．図書館の情報資源の活用

　学校図書館が備えるメディアには，紙媒体資料，パッケージ系電子資料，インターネット情報資源等多岐に渡る。しかしながら探究的な学習のためのメディアには児童生徒向けでは刊行されていない場合や，どのようなアプローチをとればよいか困難なこともある。そこで，本節では無料で活用することが出来る情報資源を取り上げ，その活用方法を提示する。

（1）データベース等の情報資源

　探究的な学習のためのみならず，学校図書館にもライセンス契約によって備える「JapanKnowledge」や新聞データベース等を積極的に導入すべきである。それらは児童生徒が直接検索し活用できるものであるが，探究的な学習のためには柔軟な情報アクセスが求められる。児童が1人で使うことは難しいかもしれない情報資源であっても大人のサポートがあれば活用ができたり，指導側が

事前に準備をしておいたりということで対応の幅も広がる。高校生ともなると一般資料やデータベースを使いこなすこともできよう。そこで，本節では無料で情報資源を提供している国立国会図書館のデジタルサービスを中心に取り上げることとする（いずれも2014年12月17日現在）。

　国立国会図書館では，第6章と第7章で取り上げたように，図書や雑誌記事等の情報源の検索のために「NDL-OPAC」や「国立国会図書館サーチ」が提供されている。さらに，国立国会図書館では，次に述べるような情報資源を提供している。国立国会図書館のサービスを活用して「調べる」のであれば，入り口として「リサーチ・ナビ」（http://rnavi.ndl.go.jp/rnavi/）が最適である。同サイトは「国立国会図書館の職員が調べものに有用であると判断した図書館資料，ウェブサイト，各種データベース，関係機関情報を，特定のテーマ，資料群別に紹介するもの」であり，蔵書を探すのみならず，「しらべるヒント」として，分野やトピックス，ツールからのアプローチや調べ方案内も用意されている。

　ある程度対象が明確なのであれば「国立国会図書館デジタルコレクション」（http://dl.ndl.go.jp/）で，図書，雑誌，古典籍，博士論文，漢方，新聞，県政資料，日本占領関係，プランゲ文庫，歴史的音源，科学映像，電子書籍・電子雑誌の検索ができる。

　「歴史的音源」には1900年代初めから1950年頃に国内で製造されたSPレコードの音源をデジタル化したもので，音楽・演説・講演のほか，邦楽・民謡・落語・歌舞伎・クラシック歌劇・歌謡曲等の多様なジャンルの音源5万点が収録されている。

　「インターネット資料収集保存事業 WARP（Web Archiving Project）」（http://warp.da.ndl.go.jp/）では，国の機関，自治体，法人・機構，大学，イベント，電子雑誌等のインターネット情報資源をアーカイブしており，合併前の自治体のHPや既に終了したイベントの公式HP等も閲覧することが出来る。

　図書館で実際にあったレファレンスの事例がまとめられた「レファレンス協同データベース」（http://crd.ndl.go.jp/reference/）で確認してみるのもよい。同サイトには「新着データ」「最近のアクセスランキング」「おすすめデータ」

も随時提示されており興味深い。

　また，震災のアーカイブも充実しており，「ひなぎくNDL東日本大震災アーカイブ」（http://kn.ndl.go.jp/）では，「東日本大震災に関するあらゆる記録・教訓を次の世代へ伝え，被災地の復旧・復興事業，今後の防災・減災対策に役立てること」を目的に，音声・動画，写真，地図，タイムライン等を検索することができる。

　国立国会図書館は2014（平成26）年1月から「図書館向けデジタル化資料送信サービス」を開始した[13]。これは「国立国会図書館がデジタル化した資料のうち，絶版等の理由で入手が困難な資料について，公共図書館・大学図書館等（国立国会図書館の承認を受けた図書館に限る）にデジタル画像を送信し，各図書館で画像の閲覧等ができるようになるサービス」である。登録館は403館（2014年12月16日現在）とまだまだ少ないが，今後，増加していくことが予想される。

　国立国会図書館の資料はたとえデジタルであってもインターネット上で利用できるもの，国立国会図書館の館内もしくは提携図書館でのみ利用できるものがある。本節で紹介したものは一部であるので，確認をされたい。

（2）行政資料

　国や地方自治体が作成した資料や議会の議事録，報告書，統計等がある。前述した国立国会図書館の「WARP」でもアクセスできるものが多くなっている。行政の刊行物ということで信頼度が高く，紙媒体資料よりも最新の情報が公開されることも多い。火山の噴火や地震・台風に関することは気象庁の記録，条例に関することは当該自治体等，関連の省庁や自治体の行政資料を確認されたい。

13：国立国会図書館「図書館向けデジタル化資料送信サービスについて」http://dl.ndl.go.jp/ja/about_soshin.html，（参照2014-12-17）
　　湯浅俊彦「公共図書館における電子資料提供の新展開」『図書館雑誌』vol.108，no.10，2014，p.677-679．

(3) 地域の情報資源

　広い意味では行政資料も地域の情報資源となろうが，その他に，郷土資料，産業に関する資料，コミュニティー情報が挙げられる。郷土資料や産業に関する資料は，調べ学習で頻繁にテーマになるので，紙／デジタル問わず，また写真や映像，地図等を含め活用したい。地域の新聞社や放送局の資料・情報も対象となる。

　一般的に，公立図書館では地域資料のコーナーが設けられている。大阪市立中央図書館では，大阪コーナーにおいて紙媒体のみならず大阪城の模型や大阪を走る電車の車窓風景の市販ビデオまで用意されている。貴重資料庫には『芦分船』といった江戸時代の観光ガイドブック，江戸時代から大正時代にかけての薬問屋の引き札（広告），万博の案内やチケットも保存されており，閲覧も可能である。

(4) 探究的な学習の成果物

　探究的な学習の成果物として，コンクール受賞作や学内の過去作品を挙げることができる。先にも述べた「図書館を使った調べる学習コンクール」の受賞作は複製作品の貸出サービスを行っているし，機関誌でも詳細な報告がなされている[14]。関連する地域の図書館での複製作品展示も頻繁に行われている。そういった作品に直接触れる機会は貴重である。また，学校や地域で取り組んだ場合には，その記録や過去の作品を残しておくことで参考にすることもできる。

　以上，探究的な学習を外部図書館資料の観点から検討した。インターネット情報資源については，コピー＆ペーストで安易に写してしまうこと，インター

14：図書館振興財団のHP上での結果報告されているほかに過去の受賞作品の検索が可能である。「図書館を使った調べる学習コンクール」http://www.toshokan.or.jp/contest/，（参照2015-06-18）．
　また図書館振興財団の機関誌『図書館の学校』（季刊）で特集や報告を読むことが出来る。なお，2013(平成25)年にNPO法人図書館の学校が公益財団法人図書館振興財団に組織改編したことに伴い，コンクール事業も図書館振興財団に移行し，機関誌も『あうる』から『図書館の学校』へと変更している。
　2013年以前のものについては図書館の学校の機関誌である『あうる』参照のこと。

ネットには信頼性が保障されていない情報が多いことなどを理由に，利用を慎重にしている学校も少なくない。しかし，「書き写す」ことは紙媒体からでも手書きでも可能であり，曖昧な情報に戸惑うのは「情報の評価」が的確に行われていないことに他ならない。インターネット情報源の評価は，信頼性と情報の更新を確認することで可能であり，インターネット情報源からは，紙媒体の古い百科事典よりも新しく詳しい情報が得られることもある。インターネット情報源に限ることではないが，情報過多の今日においては情報の評価が強く求められるのである。

3．まとめ

　本章では，課題の設定，必要な情報資源の探索収集，得られた情報を活用して課題や問題の解決を図る探究的な学習の成果を評価する際の要素について，「調べ学習コンクール」で採用されている評価項目等を取り上げ，解説した。図15-1にまとめた探究的な学習をとおして育成される具体的な能力が示しているように，情報資源の活用を必須とする探究的な学習は生涯学習社会において必要とされる課題解決能力や主体的な学習能力の育成にもつながるものであるといえよう。

参考文献
(さらなる学習に向けて)

日本学校図書館学会学校図書館研究会編『学校図書館を活用した学習指導実践事例集』教育開発研究所，2013.

「シリーズ学校図書館学」編集委員会・編『学習指導と学校図書館』全国学校図書館協議会，2010.

小川三和子『教科学習に活用する学校図書館』全国学校図書館協議会，2010.

宅間紘一『学校図書館を活用する学び方の指導』全国学校図書館協議会，2002.

五十嵐絹子，藤田利江編著『学びを拓く授業モデル』国土社，2014.

稲井達也編著『授業で活用する学校図書館』全国学校図書館協議会，2014.

大熊徹『国語科学習指導過程づくり』明治図書出版，2012.

大熊徹『中学校国語科「活用型」学習の授業モデル』明治図書出版，2009.

大熊徹『小学校国語科「活用型」学習の授業モデル』明治図書出版，2009.

アメリカ・スクール・ライブラリアン協会編，全国SLA海外資料委員会訳，渡辺信一，平久江祐司，柳勝文監訳『21世紀を生きる学習者のための活動基準』全国学校図書館協議会，2010.

アメリカ・スクール・ライブラリアン協会編，全国SLA海外資料委員会訳，渡辺信一，平久江祐司，柳勝文監訳『学校図書館メディアプログラムのためのガイドライン』全国学校図書館協議会，2010.

全国学校図書館協議会編『情報を学習につなぐ：情報・メディアを活用する学び方の指導体系表解説』全国学校図書館協議会，2008.

堀田龍也，塩谷京子編『学校図書館で育む情報リテラシー』全国学校図書館協議会，2007.

根本彰編著『探究学習と図書館：調べる学習コンクールがもたらす効果』学文社，2012.

日本図書館協会図書館利用教育委員会図書館利用教育ハンドブック学校図書館（高等学校）版作業部会編著『問いをつくるスパイラル：考えることから探究学習をはじめよう！』日本図書館協会，2011.

さくいん

→　　を見よ参照
→：　をも見よ参照

あ行

生きる力　16-18, 27, 28, 37, 138-140, 143
一次資料　77-80, 87, 89, 92, 94, 110, 112
インターネット情報源　8, 23, 25, 61, 68, 78, 91, 105-108, 120, 124, 134, 135, 144, 147, 157, 158, 161, 168, 169, 186, 187, 200, 208, 213-217
インターネット資料収集保存事業（WARP）　214
インタビュー　→　レファレンスインタビュー
インタビュー調査　118, 211-213
引用文献　69, 71, 73, 107, 108, 116, 118-122, 200, 201, 203, 209
ウェブサイト　→　インターネット情報源
ウェブ情報源　→　インターネット情報源
大熊徹　34-37, 40, 54-57
オリエンテーション　62, 66, 179, 195, 196
オンライン利用者用目録　→　OPAC

か行

概念地図　82, 86, 87, 91-94
科学技術情報流通技術基準（SIST）　117, 119, 121, 195, 200
学習階層　109-112, 122
学習指導過程　34-37, 54, 55
学習指導計画　139, 140, 154, 155, 157-160, 162-164, 168, 170-172, 174
課された問題　32, 38, 40, 42, 43, 45-48, 52-55, 58, 60, 77, 81-83, 85, 87, 111
課題解決的な学習　14-16, 18-20, 78, 89, 168
課題解決　→：　問題解決　3, 6, 12, 19, 24, 56, 57, 142, 147, 159, 168
課題解決能力　16, 21, 22, 37, 217
学校司書　134, 138-140, 144, 146-150, 159, 163, 165, 173, 174, 178-181, 212
学校知　35
学校図書館支援　138, 147-151, 175
学校図書館基本図書目録　102, 125, 127
学校図書館支援センター　138, 147-150
学校図書館調査　104
学校図書館図書標準　143
学校図書館法　25, 138
学校図書館メディア基準　141
間接サービス　124
記憶　3, 9, 17, 28
教育課程　14, 18, 25, 37, 138, 140, 143, 147, 152, 165
クルトー，C.（Kuhlthau, C.）　37-40, 43, 54, 81, 82
経験　4-8, 19, 40, 41, 49, 50, 142, 186, 213
検索式　100, 101, 111, 113-115
検索戦略　99, 100, 109-113, 123, 124
件名標目　62, 82-87, 89-96, 99-101, 108, 110, 112-114, 129
合科的指導　162, 164, 170
公共図書館　60, 61, 64, 97, 101, 103-105, 125, 132, 133, 138, 143, 145, 147-149, 151, 178, 187, 194, 203, 209, 215
国語辞書　7-9, 30, 45, 47-49, 51, 126, 198
国際子ども図書館　101, 102, 104, 127
国際子ども図書館子ども OPAC　102
国立国会図書館件名標目表　83, 85, 86, 89, 90, 92, 99, 100, 114

国立国会図書館サーチ 97-101, 105, 127, 132, 214
国立国会図書館デジタルコレクション 214

さ行

索引 → 書誌・索引
参照文献 → 引用文献
雑誌記事索引 77-79, 81, 102, 103, 127, 132
「雑誌記事索引（NDL-OPAC）」 127
参考文献 179, 180, 195, 196, 200, 201, 209
参考図書 → レファレンス資料
自己生成問題 12, 16, 26, 34, 35, 38, 42-47, 52-54, 56, 58, 60, 81-83, 85, 111, 139, 167
辞書・事典 1, 4, 6, 7, 11, 48, 49, 51, 52, 65, 67, 77-80, 82, 85, 87-89, 94, 106, 111, 124-127, 130, 174, 188, 198, 199, 217
質問回答サービス → レファレンスサービス
児童書総合目録 101, 104, 127
柴田義松 28, 29
主題探索 95, 97, 113, 125, 128-133, 135
主体的な学習 19, 21, 22, 24, 25, 27, 34, 36, 37, 42, 43, 55, 58, 66, 72, 74, 167, 193, 209, 217
「出版年鑑」 102, 127
生涯学習 17, 21, 22, 27, 140, 143, 194, 217
小学校件名標目表 83, 84, 90
情報カード 158, 161, 200
情報源の信頼性 12, 16, 18, 25, 26, 68, 74, 78, 91, 105, 106, 108, 124, 213
情報源の評価 51, 61, 68, 69, 78, 91, 105-108
情報探索 12, 38, 39, 44-46, 49-52, 56, 59, 60, 62-70, 72-74, 80-82, 87, 91, 94, 95, 97, 108-113, 115, 122, 125-132, 179, 182, 186, 187, 194-196, 198, 217

情報内容の信頼性 2, 11, 24, 25, 78, 93, 105, 106
情報内容の同一性保持 107
情報の発信 24, 44, 63, 64, 73, 74, 77, 109, 115, 122, 123, 157, 168
情報内容の評価 60, 61, 62, 70, 106
情報モラル → 情報倫理
情報要求 12, 13, 44-46, 50, 80, 99-101
情報リテラシー教育 48, 59, 62-64, 66-68, 71, 72, 75, 91, 150, 162-164, 166, 176, 178, 179, 182, 188-190, 194-196
情報倫理 24, 60-62, 70, 71, 157
抄録 62, 101, 117
書架探索 68, 91, 95-97, 110, 197, 198
書誌 → 書誌・索引
書誌・索引 52, 56, 57, 67, 70, 77-81, 87, 88, 91, 96, 97, 99, 102, 103, 105, 110, 112, 113, 124, 125, 127, 129-132, 179, 180
スタディースキルズ 178, 180, 181
生活世界 40, 41, 54, 56
生活知 35
総合的な学習の時間 19, 20, 26, 31, 33, 60, 84, 85, 134, 142, 167, 168, 170, 171, 176, 208, 212
総合百科事典 ポプラディア 88, 89
総合目録 79, 97, 101, 103-105, 127, 130, 132
蔵書目録 66, 79, 95, 97, 101-105, 110, 112, 127, 130-132
蔵書配分比率 141, 143

た行

探究的な学習 14-16, 18-20, 22, 26-28, 31-35, 37-44, 53, 59, 63, 65, 71, 73-76, 78, 85, 89, 91, 108, 109, 115, 123, 139, 142, 147, 159, 164, 167, 208, 212, 213, 216, 217
探究的学習指導モデル 37-39, 53

探究的な学習過程
　　　　　　42, 74, 76-78, 80, 81, 111, 113
探究的な学習の領域　40, 41, 54
知識基盤社会　2, 28
知識更新　17, 18, 28, 38, 44-47, 53
知識状態　45, 46, 77, 81
知の典拠（cognitive authority）　1, 7, 65
中学校・高等学校件名標目表　83
著作権　61, 62, 70, 120, 157, 161
直接サービス　124
ティーム・ティーチング　173, 184, 192
適合性　101
デューイ，J.　6, 7
典拠　69, 70, 121
図書館の自由に関する宣言　71, 150
図書館向けデジタル化資料送信サービス
　　　　　　215
図書館利用指導　→　情報リテラシー教育
図書リスト　→　ブックリスト

な行

二次資料　→：レファレンス資料
　　　　　　77-80, 96, 110, 112
日本十進分類法　68, 83, 91, 95, 96, 110, 113, 141, 144, 163, 179, 180, 184, 195-198
日本の参考図書　67
日本大百科全書　87, 88, 126
認識論　5, 8

は行

パスファインダー　62, 68, 136, 179
バトラー，P.　2, 3, 17, 18
百科事典　52, 67, 77-80, 82, 85, 87, 91, 106, 111, 124, 126, 187, 198
表現力　15, 16, 18-22, 31, 37, 69, 70, 154
ブックリスト　136, 145, 161, 178, 179
ブックトーク　62, 145, 178-180, 189

文献探索　50, 80, 81, 125, 127-130

ま行

学び方に関する学習
　　　　　　26-29, 31, 59, 61, 72, 74, 75, 167
マンダラート法　198
メタ学習　→　学び方に関する学習
目録　→　蔵書目録，総合目録
問題解決　→：課題解決　18, 38, 40, 42, 44-47, 52, 53, 58, 63, 64, 69, 81, 105-108, 110, 115, 124
問題解決的な学習　14, 20-22, 161
問題解決能力　14, 18, 29, 42, 156

や・ら・わ行

要約　62, 68, 69, 101, 115-118, 153, 154, 182, 203
リサーチ・ナビ（NDL）　214
レファレンスインタビュー
　　　　　　49, 123, 135, 137
レファレンス協同データベース
　　　　　　123, 132-134, 136, 214
レファレンスサービス　49-51, 61, 62, 104, 110, 112, 123, 124, 129, 132, 133, 135, 136, 145, 147, 149, 214
レファレンス質問　123, 125, 128, 132, 134
レファレンス資料　1, 7, 30, 31, 56, 61, 62, 66-68, 80, 106, 110-113, 115, 124-127, 130-132, 137, 179, 180, 195, 198, 199
レポート作成　15, 16, 19, 33, 34, 44, 61, 62, 66, 69-71, 99, 109, 115, 116, 118-121, 134, 136, 178-180, 192-196, 198-203, 205, 206
論理演算子　114

欧文

Book Page 本の年鑑　102, 127
Buler, P. → バトラー，P.
CiNii Articles　187
Dewey, J. → デューイ，J.
Google Scholar　187
ILL サービス　103, 104, 110
JapanKnowledge　187, 213
Kuhlthau, C. → クルトー，C.

NDC → 日本十進分類法
NDL-OPAC　102, 113, 114, 127, 130, 131, 214
NDLSH → 国立国会図書館件名標目表
OPAC　195, 196
SIST → 科学技術情報流通技術基準
WARP → インターネット資料収集保存事業（WARP）
Web NDL Authorities　86, 93, 94

［シリーズ監修者］

朝比奈大作（あさひな だいさく）　放送大学客員教授
　　　　　　　　　　　　　　　　前横浜市立大学教授

［編集者・執筆者］

齋藤泰則（さいとう・やすのり）
　　　東京大学大学院教育学研究科博士課程単位取得退学
現在　明治大学文学部教授
主著　『利用者志向のレファレンスサービス』勉誠出版，2009；『情報サービス演習』（編著）日本図書館協会，2015

［執筆者］

江竜珠緒（えりゅう・たまお）
　　　筑波大学大学院図書館情報メディア研究科博士前期課程修了，博士後期課程在学中
現在　明治大学付属明治高等学校中学校司書教諭
主著　『鍛えよう！　読むチカラ：学校図書館で育てる25の方法』（共著）明治書院，2012；『学生のレポート・論文作成トレーニング：スキルを学ぶ21のワーク』（共著）実教出版，2013

村木美紀（むらき・みき）
　　　大阪市立大学創造都市研究科創造都市専攻都市情報環境研究領域博士課程単位取得退学
現在　同志社女子大学学芸学部情報メディア学科准教授
主著　『学校図書館メディアプログラムのためのガイドライン』（共訳）全国学校図書館協議会，2010；『学校経営と学校図書館，その展望　改訂版』（共著）青弓社，2009；『学校図書館メディアの構成とその組織化　改訂版』（共著）青弓社，2009

富永香羊子（とみなが・かよこ）
現在　千葉県市川市教育委員会学校教育部教育センター　指導主事
　　　市川市学校図書館支援センター事務局
主著　『司書教諭・学校司書のための学校図書館必携　理論と実践』（共著）悠光堂，2015；『困ったときには図書館へ2　学校図書館の挑戦と可能性』（共著）悠光堂，2015；『みんな新聞記者・学校新聞入門4　おもしろ壁新聞入門』（共著）ポプラ社，1993

司書教諭テキストシリーズⅡ…3
学習指導と学校図書館

2016年2月24日　初版第1刷発行

著　者 ⓒ	齋　藤　泰　則	
	江　竜　珠　緒	
	富　永　香羊子	
	村　木　美　紀	
発行者	大　塚　栄　一	

〈検印省略〉

発行所　株式会社　樹村房　JUSONBO

〒112-0002
東京都文京区小石川5-11-7
電　話　　03-3868-7321
ＦＡＸ　　03-6801-5202
振　替　　00190-3-93169
http://www.jusonbo.co.jp/

印刷　亜細亜印刷株式会社
製本　有限会社愛千製本所

ISBN978-4-88367-253-0　乱丁・落丁本は小社にてお取り替えいたします。

朝比奈大作 監修　**司書教諭テキストシリーズⅡ**

[全5巻]
各巻Ａ５判　本体2,000円（税別）

▶本シリーズは，刊行後十余年を経過した「司書教諭テキストシリーズ」（全5巻）の改訂版にあたる。最新の図書館情報学の知見を教育学的視点から解説し理論と実践の融合を図るという方針を踏襲しながら，学校図書館を取り巻く急激な状況の変化に対応。全巻を通じ，修得した知識・技術を教育現場の中でいかに活用していくかという視点を強く意識しつつ編集を行った。

① 学校経営と学校図書館　　　　編集　中村百合子
② 学校図書館メディアの構成　　編集　小田 光宏
③ 学習指導と学校図書館　　　　編集　齋藤 泰則
④ 読書と豊かな人間性　　　　　編集　杉本　卓
⑤ 情報メディアの活用　　　　　編集　村山　功

樹 村 房